99 conselhos sobre Vinhos

Luis T. Melgar Gil

TRADUÇÃO
CATARINA BONA

Rai
EDITORA

Sumário

Direitos de edição para o Brasil:
Rai Editora Ltda.
Rua Iraí, 143 - Conjunto 61 - Moema
04082-000 – São Paulo – SP - Tel.: (11) 2384-5434
contato@raieditora.com.br - www.raieditora.com.br

ISBN: 978-85-63672-11-7

Edição original
Colaboração nos textos: Luis T. Melgar Gil
Edição: equipe editorial LIBSA
Imagem de capa: equipe de imagem LIBSA
Projeto gráfico: equipe de criação LIBSA
Iconografia: arquivo LIBSA

Edição brasileira
Coordenação: Heloisa de Souza
Revisão: Isney Savoy
Adaptação gráfica: Gabriel Nonato
Assessoria editorial e de artes: Patricia Nascimento

Introdução

Hoje em dia, muitos profissionais da medicina têm comprovado o que a sabedoria popular já sabe há milênios: o vinho, especialmente o tinto, faz muito bem para a saúde quando bebido com moderação. É mais uma qualidade que se soma a tantas outras que o vinho sempre teve: prazer sensorial, capacidade nutricional, poder de proporcionar bem-estar, vínculos de amizade e boa companhia, matar a sede...

Há mais de 7 mil anos, nas terras banhadas pelo mar Mediterrâneo, o homem descobriu as qualidades contidas no líquido obtido a partir da fermentação do suco da uva. "Com pão e vinho se faz o caminho", já dizia o ditado.

Nos 70 séculos que se seguiram, o vinho foi convertido em tesouro e mercadoria. Foi alvo de pilhagem e viveu eras de esplendor durante o domínio do antigo Egito, da Grécia antiga e da Roma republicana e imperial sobre o mar Mediterrâneo. Quando as conquistas militares e culturais desse último império chegaram aos confins do mundo então conhecido, o cultivo da videira se espalhou por todas as terras conquistadas e o consumo do vinho se generalizou entre os homens que o provavam. É fácil entender porque a cultura mediterrânea é chamada de cultura da videira. Com o passar do tempo, quando pessoas principalmente da Espanha, Portugal, França e Itália partiram para outros continentes, elas levaram consigo a videira e o vinho. Graças a elas, a vitivinicultura se espalhou pelo mundo, com exceção dos países que proíbem oficialmente o consumo de álcool, embora muitos deles cultivem as videiras e alguns vinifiquem seus frutos.

Com a evolução da viticultura, a seleção de variedades, o aumento do conhecimento químico e biológico aplicáveis a vinificação e o aperfeiçoamento dos procedimentos de clarificação, envelhecimento, transporte e conservação, o vinho alcançou um grau de excelência jamais imaginado. E a produção de bons vinhos se generalizou a tal ponto que hoje é possível obter vinhos de primeiríssima qualidade em terras tão distantes do seu Mediterrâneo natal como Califórnia, Austrália, África do Sul, Argentina, Chile, Nova Zelândia, Japão etc.

Hoje em dia, nós, amantes do vinho, somos muitos e estamos espalhados pelo mundo. Por isso editamos este livro que reúne conselhos precisos e conhecimentos úteis para conhecer melhor o vinho e, assim, desfrutá-lo plenamente.

1 *Características visuais*

As características visuais do vinho são muito importantes. O brilho dá pistas sobre seu grau de acidez, estado de conservação e frescor. Uma boa transparência e um bom grau de limpidez garantem seu bom estado de conservação, enquanto o tornam mais agradável para o consumo. A viscosidade antecipa o teor de açúcar. A cor, ainda que revele pouco sobre a qualidade e o sabor do vinho, oferece informações sobre a variedade de uva, a vinificação e a safra.

Embora a observação visual do vinho não forneça tantas informações quanto o paladar e o olfato, estes atuam com menor precisão quando quem os usa não pode ver o que está bebendo. Quem não conhece um apreciador de vinhos que já não tenha confundido um branco com um tinto, ou até com outra bebida, ao provar vinhos com os olhos vendados?

Para perceber corretamente todos as características visuais do vinho, deve-se observá-lo de cima e de lado. Quando visto de cima, é possível observar seu brilho, transparência e profundidade. Quando observado de lado, pode-se perceber sua limpeza, bolhas e viscosidade. Isso deve ser feito em uma taça de cristal transparente, lisa, com um formato que permita que ela seja inclinada sem derramar o vinho, contra um fundo branco e sob uma luz natural potente ou lâmpadas que a imitem, como as lâmpadas azuis.

Por causa da importância do aspecto visual, sempre se deu muita relevância para a qualidade, a cor e a forma da taça em que o vinho é servido. Cada tipo de vinho requer uma temperatura de serviço diferente, cada um deles tem uma qualidade que pode ser destacada. A situação em que se consome o vinho e o tipo de alimento que o acompanha também podem variar.

Todas essas circunstâncias tornam aconselhável o emprego de uma taça diferente para cada momento, sendo que todas devem permitir que o vinho seja percebido visualmente, a não ser que motivos de protocolo ou o aspecto ruim do vinho imponham outro critério.

2 *Brilho*

Não se deve confundir brilho com transparência, porque há vinhos muito límpidos e transparentes cuja superfície reflete muito pouco os raios luminosos. O brilho do vinho é melhor observado quando se olha sua superfície.

Observar o brilho do vinho é especialmente importante no caso dos vinhos brancos. Neles, o brilho transmite uma sensação de frescor e sua ausência denota falta de sabor. Um vinho apagado é, com quase absoluta certeza, um vinho insípido.

O brilho é um dos elementos fundamentais para julgar as características de um vinho, já que tem estreita relação com seu grau de acidez. A falta dele demonstra, em vinhos turvos ou pouco brilhantes, falta de sabor, o que reflete falta de qualidade. Um bom vinho deve brilhar e seu brilho mudará com o passar do tempo até apresentar reflexos multicoloridos ou de asa de mosca no caso de vinhos de primeira qualidade.

3 *Limpidez*

A limpidez de um vinho talvez seja o dado mais visível que ajuda a julgar o seu estado de conservação, sua higiene. Um vinho em bom estado deve ser límpido, transparente, a não ser em casos de vinhos antigos embaçados momentaneamente pelo movimento inadequado da garrafa. Com os anos, parte dos componentes do vinho se transformam, o que faz com que sedimentos se depositem no fundo da garrafa. Esses sedimentos não diminuem a qualidade do vinho, mas podem turvá-lo caso não seja feita a decantação antes de servi-lo ou se esta não for feita com o devi-

do cuidado. Salvo essa exceção, quando um vinho não for transparente e límpido, há razões para duvidar do seu estado de conservação.

É fácil admirar a transparência de um vinho quando se olha através dele. O tom de sua cor se manifesta mais claramente quando ele é contemplado de forma oblíqua. No caso da profundidade da cor, é mais fácil julgá-la observando o vinho de cima.

4 Profundidade e tom

A profundidade e o tom são duas qualidades relacionadas com o aspecto visual do vinho e que não devem ser confundidas entre si. O tom de um vinho é sua cor, a gama cromática que o define. Por isso, quando se fala do tom de um vinho, usamos termos como vermelho, roxo, palha, pálido, amarelo, verde etc.

A profundidade da cor de um vinho deve ser observada a partir de cima e por isso deve-se levar em conta o fato de que ele parecerá mais escuro quanto maior for a distância entre a superfície do vinho e o fundo da taça. Recomenda-se servir uma quantidade de vinho suficiente que permita perceber sua profundidade, mas nunca tão pouco que se possa ver a base da taça. Não é preciso dizer que, quando for comparar a profundidade de dois ou mais vinhos, é preciso servir a mesma quantidade de vinho em todas as taças.

Os termos mais comuns para descrever a cor do vinho branco são: pálido, palha, âmbar, esverdeado, limão, dourado e castanho. No caso dos rosados, os termos mais usados são: rosa claro, cereja, framboesa, alaranjado, casca de cebola e salmão. E para os tintos: cereja, groselha, telha, vermelho claro, vermelho sangue, vermelho alaranjado, rubi, grená, roxo, violeta e marrom.

Quando falamos sobre a profundidade da cor de um vinho, estamos nos referindo à intensidade de sua cor, o que tem a ver com sua transparência e luminosidade. Quando um vinho é definido como pouco profundo, com profundidade média ou muito profundo, estamos nos referindo à intensidade de sua cor.

5 Sedimento

Hoje em dia, e entre vinhos de certa qualidade, apenas vinhos envelhecidos apresentam sedimentos perceptíveis, especialmente no caso dos tintos. Com o passar do tempo, cristais de tartarato e sedimentos de tanino podem se depositar no fundo das garrafas de vinho tinto. Para que esses sedimentos não sejam transferidos para a taça, é preciso proceder com a decantação.

A presença de sedimentos também pode se dar devido a um processo de limpeza malfeito depois da fermentação. Isso é inadmissível hoje em dia, mesmo entre os vinhos de baixa qualidade, já que a indústria vinícola conta com processos industriais de baixo custo para fazer a clarificação e eliminar os sedimentos. A clarificação recebe esse nome porque tradicionalmente era feita com claras de ovos batidas.

A decantação é o processo de transferir o vinho da garrafa onde estava armazenado para outro recipiente, normalmente uma jarra ou um decanter. Assim que os sedimentos forem separados e o vinho tiver respirado, ou oxidado em contato com o ar, o líquido é então devolvido à garrafa original, que deve ter sido bem lavada.

6 *Viscosidade e untuosidade*

Se falamos na viscosidade de um vinho estamos nos referindo às gotas em forma de lágrima que se formam nas paredes da taça. Dois elementos reforçam essa viscosidade: o teor de açúcar e o teor alcoólico. Há amantes de vinho que valorizam essas lágrimas como elemento estético e outros, mais emotivos, pelas emoções que despertam. Mas os melhores degustadores não devem lhe dar atenção nenhuma, pois sua presença não antecipa nada sobre a qualidade do vinho que um paladar bem treinado não possa detectar.

Um conceito próximo ao de viscosidade é o de untuosidade. Um vinho é considerado untuoso quando tem um aspecto sedoso por ser rico em glicerina.

Os aspectos visuais do vinho têm tal influência que, em muitos concursos, é comum a realização de degustações às cegas para que os juízes possam ser mais objetivos. Nelas, o degustador não pode ver rótulos, brilho, limpidez, tom, profundidade, sedimentos e nem o formato da garrafa. Quando as condições visuais da degustação são menos severas, ela é chamada de semicega. Em ambos os casos, ao privar os degustadores de uma informação tão importante quanto a visual, a validade de seu julgamento fica reduzida.

7 *Vocabulário: aspectos visuais*

Aberto: vinhos pouco profundos, de cor pouco intensa; vinhos claros e de coloração clara.

Acastanhado: cor que os vinhos tintos de qualidade adquirem com o passar do tempo.

Aveludado: este termo é usado para vinhos que oferecem uma textura suave tanto aos olhos quanto ao paladar.

Camada: designação para a profundidade, a intensidade da cor de um vinho.

Carnoso: termo usado para descrever vinhos de cor profunda, encorpados.

Cheminée: forma geométrica formada pelas bolhas dos bons vinhos espumantes em sua superfície.

Disco: zona que se forma em torno das bordas da taça.

Gama: tom, o conjunto de termos que englobam as cores dos diferentes vinhos.

Impureza: borras, sedimentos ou qualquer outro elemento estranho que flutue no vinho.

Intensidade: pureza de cor.

Lágrima: gotas que, na superfície da taça, manifestam alto teor de álcool e açúcar. Também se refere às gotas de aspecto oleoso que um vinho rico em glicerina deixa na taça.

Opaco: vinho de tonalidade muito profunda.

Oxidado: aspecto marrom que o vinho assume quando oxidou em excesso devido ao contato com o ar.

Prateado: se diz da cor metálica que pode ser percebida em vinhos brancos jovens.

Profundidade: intensidade de cor.

Tonalidade: gama de cores de um determinado vinho.

Turvo: falta de transparência.

Velho: se aplica a um vinho que entrou em decadência por haver sofrido transformação excessiva com o passar do tempo.

Vivo: brilhante.

8 *Os aromas do vinho*

A primeira característica que define a qualidade de um vinho é seu aroma, seu "nariz". Os bons vinhos desprendem aromas agradáveis, ricos em sugestões, enquanto que os de pouca qualidade são aromaticamente pobres, quando não sem graça. Essas diferenças permitem que o olfato antecipe muitas informações sobre as qualidades e os defeitos de um vinho. Antes de começar a beber, seu aroma nos antecipa o prazer de degustar um bom vinho e, no momento da degustação, o olfato e o paladar atuam em conjunto.

Assim como todas as sensações percebidas pelos sentidos, é difícil classificar ou descrever as sensações. É tão complicado descrever um odor a quem não tem um olfato desenvolvido como descrever uma cor para um cego.

Para classificar os aromas, é preciso recorrer a suas semelhanças com certos elementos químicos e biológicos. A partir disso, os odores primários foram estabelecidos: cânfora, almíscar, vinagre, éter, flor, menta e podre. Cada um deles se relaciona com um dos sete tipos de receptores presentes na mucosa olfativa e com a maneira com que as moléculas se originam. A percepção de um odor começa com a captação das moléculas que o produzem pelas células olfativas presentes no interior do nariz. O processo termina quando a informação captada é transmitida por esses receptores à parte correspondente do cérebro por meio do nervo olfativo.

Ao posicionar o nariz sobre a superfície do vinho, o ar inspirado leva as moléculas odoríferas do vinho até o bulbo olfativo, o que provoca a sensação de odor. Quando esse ar é exalado, já morno, e impregna nas superfícies do nariz, da boca e da garganta com resíduos de odor e sabor, provoca parte das sensações de gosto. Os amantes do vinho chamam esse conjunto de sensações de "retrogosto".

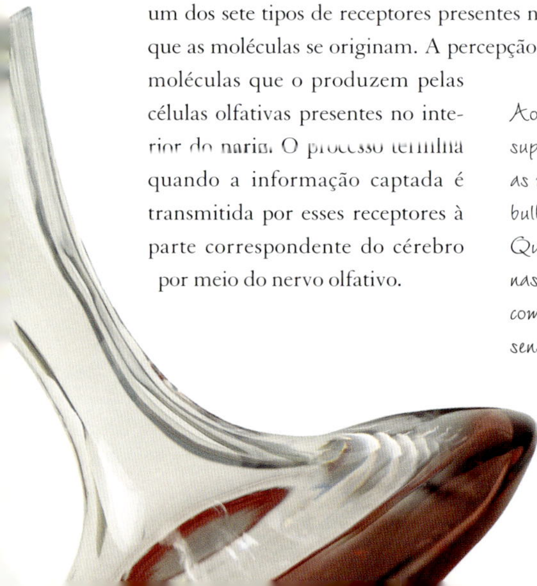

9 Fatores a considerar

Na hora de interpretar corretamente o nariz, ou os aromas, de um vinho, é preciso levar quatro fatores em consideração: o tamanho e o formato da taça que o contém, a temperatura de serviço, a progressiva perda de sensibilidade do sentido do olfato causada por sua adaptação a um determinado odor e o contraste com o odor percebido imediatamente antes. Para avaliá-los, é preciso lembrar que os aromas de um vinho são percebidos de modo mais intenso quanto maior for sua temperatura; que eles são melhor definidos quando se aspira dois vinhos diferentes alternadamente – por causa do chamado efeito dual; que a primeira impressão pode ser a mais correta; e que a taça para degustação deve ser muito bem escolhida.

Para que se possa perceber de maneira adequada os aromas de um vinho, a taça utilizada precisa conter uma considerável quantidade de vinho, mas sem derramar quando for inclinada, e ter um bojo estreito o suficiente para reunir e concentrar as moléculas odoríferas do vinho.

10 Exame olfativo

Para perceber os aromas de um vinho de maneira adequada, primeiro é preciso enxaguar a taça a ser utilizada com uma pequena quantidade do mesmo vinho. Uma vez servido o vinho, deve-se girar a taça para que as diferentes moléculas odoríferas se desprendam. Essa operação deve ser feita mantendo-se a base da taça sobre a mesa e segurando-a com a palma da mão. Ao girar, é momento de perceber os aromas, o que deve ser feito aspirando suavemente, mas de modo profundo, para que as moléculas odoríferas penetrem e percorram lentamente o nariz.

Depois dos primeiros giros do vinho, deve-se imprimir um movimento giratório breve porém firme à própria taça, para que o vinho se impregne nas paredes e crie uma nova e fina superfície umedecida que irá facilitar o maior desprendimento das moléculas odoríferas. Essa evaporação progressiva dará origem a uma sucessão de aromas diferentes conforme o vinho assenta e a superfície de cristal seca.

11 *Vocabulário: os aromas do vinho*

Agressivo: muito alcoólico, com excesso de acidez e adstringência.

Almiscarado: com aromas de almíscar, carne de caça, couro, lã molhada, pele molhada ou veado.

Apagado: pobre em aromas.

Bouquet: conjunto de aromas terciários.

Complexo: rico em aromas e matizes.

Condimentado: com aromas de especiarias, principalmente anis, canela, cravo, cedro, pimenta-do-reino ou branca, alcaçuz ou baunilha.

Curto: sem intensidade de aromas, que não deixa sabor persistente na boca.

Defumado: com odor de fumaça.

Delicado: com aromas finos e elegantes.

Enxofrado: com odor acre, como ao acender um palito de fósforo.

Fechado: lento para desprender os aromas.

Fineza: elegância aromática.

Floral: com aromas de flores, principalmente rosa, violeta, acácia, jasmim ou flor-de-laranjeira.

Franco: com o odor esperado.

Fruta: com aromas de avelã, ameixa, figo, geleia, nozes ou uva-passa.

Frutado: com aromas de frutas, especialmente abacaxi, abricó, amora, cereja, framboesa, groselha, laranja, lima, limão, maçã, manga, maracujá, marmelo, melão, mirtilo, morango, pera, tangerina e toranja.

Harmônico: com aromas equilibrados.

Herbáceo: com muitos aromas vegetais.

Intensidade: força do aroma no nariz.

Límpido: com aromas muito nítidos.

Mineral: com aromas minerais, principalmente cascalho, areia, petróleo, pedra, ardósia, terra e solo vulcânico.

Mofado: com cheiro de mofo emprestado da rolha.

Nariz: conjunto de aromas de um vinho.

Neutro: sem aromas que definam o vinho.

Oxidado: quando os aromas perdem força pela idade ou pelo contato com o ar.

Picante: ácido, com cheiro de vinagre.

Pungente: cuja forte intensidade apresenta um resultado agradável.

Queimado: com aromas de alcatrão, café, caramelo, carne assada, chocolate, manteiga, mel, tabaco ou defumado, entre outros.

Sulfídrico: com odor de ovo podre causado pela combinação do enxofre com o hidrogênio.

Sutil: com complexidade delicada.

Vegetal: com aromas vegetais, principalmente feno, ervas, folhas, mato, menta, azeitona, pimentão, pinheiro, resina ou trufa.

Volátil: com aromas de ácido acético ou etílico, juntos ou separados.

12 De onde vêm os aromas do vinho

Os aromas do vinho são influenciados por diversos fatores, tais como: tipo de uva, natureza do terreno, localização do vinhedo, maturação da uva, processo de vinificação e método e tempo de envelhecimento em barril ou em garrafa. Dentre esses elementos, a variedade da uva é o que empresta um caráter mais pessoal aos vinhos, embora outros fatores também tenham grande influência, como o excesso de umidade ou de folhagem, a vegetação ao redor e a severidade ou a suavidade do clima. Os aromas mais suaves surgem durante a fermentação maloláctica e durante a vinificação.

Os aromas mais sutis e desejáveis podem ser encontrados naqueles vinhos que, sendo aptos para tal, envelheceram em garrafas durante anos. Os agradáveis aromas de especiais surgem do contato do vinho com a madeira — baunilha, quando se trata de carvalho jovem — dos recipientes de vinificação.

13 O paladar

O sentido do paladar se apoia no fato de que o ser humano é capaz de perceber uma ampla gama de sabores ao combinar os quatro sabores básicos – doce, salgado, ácido e amargo – com sensações de textura, temperatura e odor. Isso é possível graças às quase dez mil papilas gustativas que o ser humano possui distribuídas pela parte superior da língua. Os compostos químicos dissolvidos em líquido, ou na saliva, penetram nas papilas gustativas e entram em contato com milhões de células sensíveis a eles. O sabor é menos persistente do que a cor e o aroma.

Para perceber o sabor do vinho, é interessante conhecer a localização das papilas gustativas, já que essas se encontram distribuídas de forma irregular sobre a superfície da língua. As que melhor percebem os sabores doces e salgados estão situadas na ponta da língua, as mais sensíveis aos sabores ácidos estão nos lados e as que sentem os sabores amargos ficam na parte posterior.

14 *Os sabores do vinho*

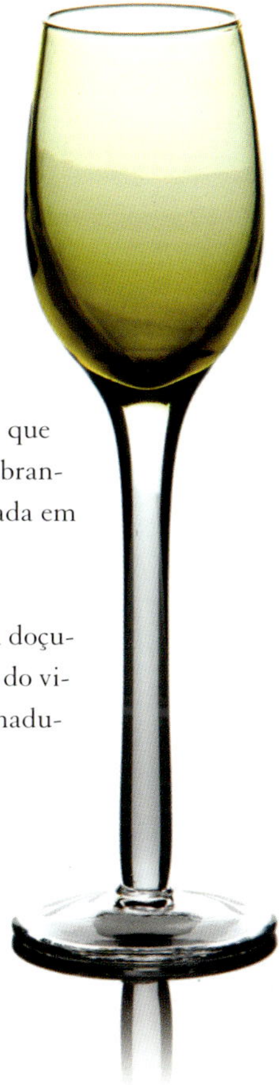

Descrever o sabor de um vinho é mais difícil que descrever o aroma e a cor por causa da simplicidade dos quatro sabores primários: doce, salgado, ácido e amargo.

O sabor menos comum nos vinhos é o salgado, apesar de todos os vinhos conterem um pouco de salinidade. Mas há paladares capazes de perceber esta particularidade em alguns vinhos produzidos e vinificados perto do mar, como os Manzanilla feitos em Sanlúcar de Barrameda, na Espanha.

A acidez é natural ao vinho, como a qualquer suco de uma fruta que amadurece demais. Um pouco de acidez, principalmente nos vinhos brancos, realça o sabor. Mas não é uma característica que costuma ser levada em conta, a não ser quando predomina em excesso e provoca rejeição.

É fácil perceber e notar o grau de doçura ou secura de um vinho. A doçura dependerá da maior ou menor presença de açúcares na composição do vinho, como consequência do tipo de uva empregado e do seu grau de amadurecimento no momento da vindima.

O amargor de um vinho, que é percebido de maneiras diferentes por cada pessoa, pode ter várias causas: o tanino verde provocado pela falta de amadurecimento das uvas vermelhas, a presença de cascas e sementes estragadas durante a fermentação, a maceração excessiva no caso dos vinhos tintos e o contato em demasia com a madeira, especialmente no caso dos brancos.

Alguns degustadores profissionais e muitos apreciadores dos bons vinhos acrescentam mais um sabor à lista de sabores primários: o "umami". Esta palavra japonesa equivale ao nosso "saboroso" e se refere ao que muitos orientais e poucos ocidentais são capazes de perceber: o sabor do glutamato monossódico. Em teoria, esse é um aminoácido que age como catalisador do sabor e, por si só, não acrescenta nenhum sabor diferente.

15 *Secura e doçura*

Na terminologia enológica, fala-se em vinhos secos em oposição aos vinhos doces. Secura e doçura são, portanto, dois termos opostos que se referem a maior ou menor presença de açúcares no vinho. É possível perceber certa doçura inclusive nos vinhos que foram produzidos com a fermentação total da uva, os chamados vinhos secos. Essa sensação, perceptível em vinhos de graduação média – de 8% a 14% –, se deve ao sabor da fruta madura e ao próprio álcool. Nos vinhos doces, a sensação de doçura vem da frutose e da sacarose que eles contêm.

Para muitas pessoas, o doce é o único sabor verdadeiramente agradável, talvez porque ele suaviza as sensações de acidez, amargor e adstringência. Quando isso se torna uma questão generalizada, como no caso da Inglaterra, esse gosto por vinhos doces se traduz na preferência por vinhos espumantes e generosos.

16 *Acidez*

Os dois ácidos encontrados com mais frequência nos vinhos são o tartárico e o málico. Ambos vêm direto da uva e tendem a diminuir com sua maturação. Outros ácidos, como o láctico e o acético, também podem ser encontrados no vinho, mas surgem durante a fermentação. A sensação de acidez se percebe com clareza nas laterais superiores da língua. Um bom nível de acidez do vinho provoca o aumento da salivação e por isso o consumo de vinhos com essa característica é muito agradável. O sabor ácido é especialmente importante para os vinhos brancos.

O ácido acético é gerado pela ação de bactérias — como a "Bacterium aceti" — que se encontram no ar e agem sobre o álcool dissolvido no vinho, na cidra ou no uísque. O vinagre, tanto de vinho quanto de cidra, é o resultado da conversão do álcool presente nestas bebidas em ácido acético até chegar-se a níveis de 4% a 8% de concentração.

17 *O tato e o corpo do vinho*

O sentido do tato é o menos especializado entre os cinco sentidos humanos. Ele acontece por meio de uma série de terminações nervosas localizadas na pele que, quando estimuladas por uma deformação mecânica, enviam um sinal para o cérebro. Existem muitas dessas terminações nervosas na pele que cobre a língua e o vinho produz nelas uma série de sensações que são fundamentais para a avaliação de sua qualidade. Essas sensações normalmente são associadas ao sabor, mas na verdade não têm nada a ver com o paladar, e sim com o tato. Graças às sensações tangíveis, é possível perceber três qualidades fundamentais do vinho: corpo, adstringência e equilíbrio.

O álcool de vinho, o etanol, é um líquido tão completo que produz muitas sensações diferentes na boca, como doçura ou amargor. Mas quando ele atinge níveis superiores a 13%, causa uma sensação de calor que pode ser excessiva e fazer com que determinados vinhos de mesa sejam percebidos como quentes.

Denomina-se como corpo de um vinho a sensação de consistência produzida na boca pela presença do álcool e dos extratos. Os extratos, de suma importância sobretudo para os vinhos tintos, agrupam sólidos solúveis dissolvidos no vinho durante sua fabricação. O tanino é o extrato mais importante e está presente nos cachos de uva e em muitos outros vegetais. Fora da vinicultura, o tanino é usado para curtir peles e couros. O álcool etílico é o produto da fermentação do mosto e causa uma sensação tátil de textura e densidade na boca.

Durante a fermentação, os açúcares das uvas se transformam em etanol graças às leveduras. Quando, por razões climáticas, o mosto das uvas é pobre em açúcares, estes são acrescentados para que se atinja o teor alcoólico desejado.

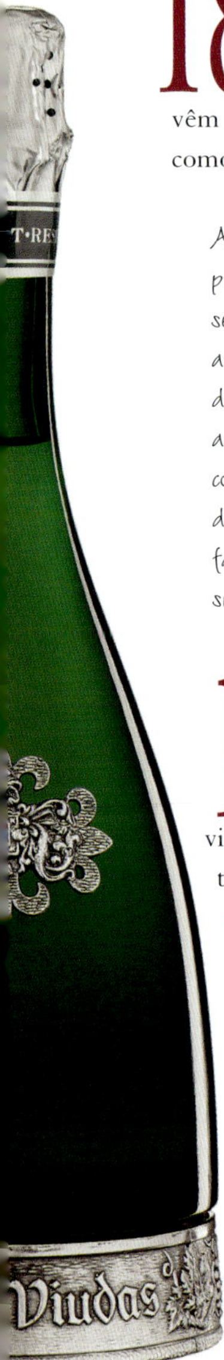

18. Adstringência

A adstringência dos vinhos, especialmente dos tintos, se deve aos taninos presentes na casca, nos galhos e nas sementes das uvas, e aos taninos que vêm da madeira dos barris. A doçura suaviza a adstringência de um vinho, assim como o seu envelhecimento.

A adstringência produz uma sensação de secura e amargor parecidos ao das frutas verdes. Isso acontece quando o tanino se combina com a saliva e coagula determinadas proteínas, fazendo com que elas percam suas qualidades lubrificantes.

Os taninos das uvas passam para o vinho durante os processos de prensagem e fermentação, e aumentam de acordo com a sua concentração nas cascas, sementes e barris. Quando o vinho jovem é mantido em contato com essas substâncias antes da clarificação, o nível de taninos aumenta. Durante o período de amadurecimento e envelhecimento em madeira do vinho, os taninos se originam das madeiras dos recipientes novos, principalmente daqueles feitos de carvalho.

19. As bolhas de CO_2

As bolhas de CO_2 são percebidas pela visão, pelo tato e pelo paladar. Elas dão energia ao vinho e produzem uma sensação de frescor. Normalmente, estão presentes em maior quantidade nos vinhos mais jovens do que nos mais velhos, nos brancos mais do que nos tintos, e nos vinhos produzidos em regiões mais frias do que nos das regiões mais quentes. Elas estão presentes nos vinhos espumantes, mas também podem ser encontradas em pequenas quantidades em alguns vinhos tranquilos, quando são quase imperceptíveis tanto para a visão quanto para o paladar.

Diz-se que um vinho é frisante quando, por causa do tipo de uva ou de vinificação, ele preserva uma pequena quantidade de CO_2 mas não chega a produzir espuma.

Para observar as bolhas de CO_2 antes de o vinho chegar à boca, a taça deve ser colocada na altura dos olhos para que se possa ver as bolhas chocando-se contra o cristal.

20 *Vocabulário: sensações do vinho*

Acerbo: ácido.

Acídulo: com acidez notável.

Adamado ou bocado: ligeiramente doce.

Adstringência: que provoca a contração das papilas.

Agressivo: com excesso de acidez.

Apagado: excessivamente suave.

Áspero: com adstringência em excesso.

Ataque: a primeira sensação produzida por um vinho.

Aveludado: de textura suave.

Carnoso: denso, qualidade de alguns vinhos tintos em seus melhores momentos.

Chato: com pouco impacto gustativo.

Clarificação: processo de filtragem do vinho. Também chamado de colagem.

Complexo: rico em sensações.

Condimentado: com aromas e sabores de especiarias.

Corpo: nível de taninos de um vinho.

Curto: vinho que persiste pouco tempo na boca.

Defumado: com aroma e sabor de fumaça, comum em alguns vinhos brancos.

Delgado: com poucos taninos.

Doçura: teor de açúcares em um vinho.

Duro: adstringente e ácido ao mesmo tempo.

Encorpado: vinho com estrutura poderosa.

Enjoativo: doce em excesso.

Equilibrado: com todos os componentes em harmonia.

Estruturado: vinho cuja riqueza em taninos garante uma boa conservação.

Glicerina: composto denso e incolor encontrado naturalmente no vinho.

Harmônico: equilibrado.

Licoroso: naturalmente doce e com alto teor de álcool.

Ligeiro: com poucos extratos.

Nervoso: com um bom grau de acidez.

Persistente: vinho cujo sabor permanece bastante tempo na boca.

Pungente: com aromas e sabores intensos, característico dos vinhos generosos.

Redondo: rico em taninos agradáveis ao paladar.

Tânico: com abundância em taninos que o deixam apto para um longo envelhecimento em barris de carvalho.

Untuoso: sedoso e rico em glicerina.

Vegetal: com sabores verdes, especialmente de videira.

21 *Equilíbrio*

Os taninos são os maiores responsáveis pelo equilíbrio de um vinho, já que têm influência direta na textura e indireta no sabor. Quando as uvas são colhidas antes de atingirem o grau ideal de amadurecimento ou são manipuladas sem cuidado, produzem taninos muito adstringentes e que deixam um certo sabor de ervas na boca.

A relação entre a acidez e o nível de taninos tem grande influência no equilíbrio do vinho, já que o aumento da acidez confere maior sensação de adstringência. É por isso que os vinhos ricos em taninos, como os tintos, costumam e devem ter um menor teor de acidez.

Cada variedade de uva e cada tipo de vinho requer um determinado nível de taninos, não apenas para garantir o sabor e o tato adequados, mas porque os taninos são fundamentais para garantir a correta conservação do vinho.

22 *Os defeitos mais comuns nos vinhos*

Hoje em dia, só bebe vinho ruim quem quer. Há poucos defeitos que podem ser considerados comuns nos vinhos do século XXI. No entanto, é importante prestar atenção ao seguinte: limpidez; sensação de aromas e sabores oxidados; cheiro de ácido acético, acetato de etila, dióxido de enxofre ou ácido sulfídrico; e gosto de rolha.

Mesmo que possam parecer defeitos, quando se trata de vinhos nem tudo deve ser considerado imperfeição. Por exemplo: a presença de bolhas em vinhos tranquilos (provocada em alguns vinhos brancos para acentuar a sensação de frescor); o turvamento causado por sedimentos em vinhos velhos; depósitos de cristais brancos ou vermelhos, presentes devido à cristalização do ácido tartárico; e a presença de fragmentos de rolha, provavelmente causada por um saca-rolhas ruim.

23 *Conhecimentos gerais*

São tantas as variáveis que influenciam as características finais de um vinho que qualquer pessoa com o sentido do paladar devidamente desenvolvido é capaz de perceber as diferenças mais sutis entre dois vinhos.

Essas diferenças se devem a quatro variáveis fundamentais: açúcares, taninos, grau de acidez e teor de álcool. Além delas, os bons degustadores apreciam uma série de outras características em função da origem, solo, clima, grau de amadurecimento da fruta no momento da vindima, forma de obtenção do mosto, presença de elementos químicos, tipo de fermentação empregada, condições de temperatura e ambiente em que ela aconteceu, natureza dos recipientes usados para o mosto e o vinho, os processos de clarificação, trasfega, guarda, envelhecimento em madeira e reserva, tipo de madeira usada – nos melhores vinhos, quase sempre é o carvalho –, o tempo transcorrido desde a fermentação, as condições em que o vinho repousou, seu envase, transporte e conservação.

Um amante dos vinhos deve se interessar por ampliar sua cultura enológica e por conhecer e perceber a maior quantidade possível de variáveis que determinem o caráter específico dos vinhos que gosta mais. É preciso conhecer as variedades de uva, as zonas de cultivo, os sistemas de produção, elaboração, envelhecimento em madeira e reserva, e tentar diferenciar a vinícola de origem, a safra etc.

Um degustador, principalmente se for aficionado, percebe boa parte dessas variáveis e, ao fazê-lo, se sente capaz de identificar safras e até mesmo o vinhedo de origem dos vinhos de sua preferência e conhecimento. A relação entre a composição mineral do solo e o sabor dos vinhos nunca foi cientificamente comprovada, mas é claro que o conjunto do solo, tempo de insolação, clima e zonas vegetais próximas também têm uma influência direta e perceptível na obtenção de bons vinhos, e são qualidades intangíveis que os bons degustadores são capazes de diferenciar.

24 *Tipos de garrafas*

As garrafas mais comuns são do tipo Bordeaux: altas, cilíndricas, de pescoço curto, ombros marcados e cor verde-escura. A garrafa alsaciana, muito usada para vinhos brancos e rosados, é mais esbelta que a bordelesa, além de ser mais alta e ter ombros mais suaves, menos marcados.

A garrafa borgonhesa, de formato parecido, mas com 3 centímetros de altura a menos, costuma ser fabricada em vidro marrom ou verde-oliva. Para os vinhos espumantes, costuma-se empregar garrafas do tipo alsaciano mas com vidro mais grosso e com uma base reforçada para resistir à pressão do CO_2 presente no vinho.

Além desses três tipos clássicos, os outros tipos mais conhecidos são os de Jerez, Sauternes, Tokay e Porto, além das *fiasco* utilizadas pelos vinhos italianos Chianti, as usadas para os vinhos licorosos e as do tipo cantil.

O vinho branco envelhece mais rápido em garrafas transparentes do que em garrafas coloridas. Quando acondicionados em garrafas verdes, adquirem melhor aroma e estão mais protegidos contra a oxidação. Os vinhos tintos se desenvolvem melhor em garrafas escuras.

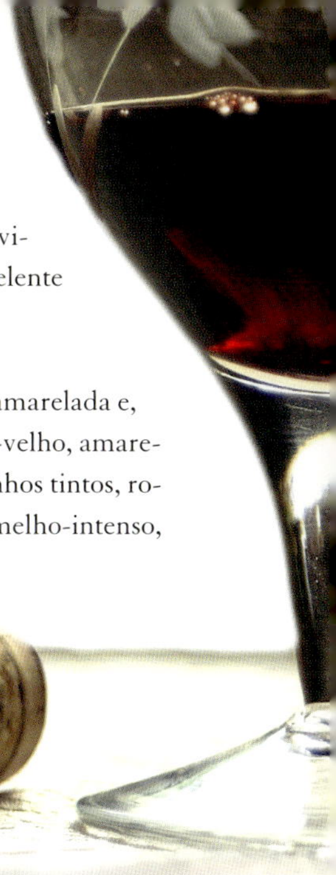

25 A idade do vinho

Não se deve cair no erro de medir a qualidade de um vinho por sua idade, já que existem vinhos jovens de excelente qualidade e vinhos que envelheceram muito mal.

Os vinhos brancos e jovens costumam ter uma cor pálida verde-amarelada e, com o tempo, perdem o verde e ganham tons mais dourados, ouro-velho, amarelo café, amadeirados e, quando ficam velhos demais, de café. Os vinhos tintos, roxos quando jovens, vão adquirindo tons rubi avermelhados, vermelho-intenso, vermelho-escuro e, os muitos velhos, de café.

Na Espanha, consideram-se vinhos jovens aqueles feitos no mesmo ano. Os vinhos crianza são aqueles que passaram 12 meses em barris e outros tantos em garrafa. Os vinhos reserva têm pelo menos 4 anos de crianza e os gran reserva chegaram ao sexto ano e passaram pelo menos dois anos em barris de carvalho e três em garrafa.

Além das mudanças de cor, o tempo transcorrido durante o envelhecimento em madeira empresta características muito interessantes ao vinho. A maior parte delas se deve ao casamento perfeito entre o vinho e a madeira dos barris. O vinho desenvolve, concentra e harmoniza essas características durante a fase de envelhecimento em garrafa.

26 *Principais cepas brancas*

As variedades de uvas brancas mais cultivadas na Espanha são Airen, Albariño, Albillo, Calagraño, Chardonnay, Cayetana, Godello, Hondarribi Zuri, Lado, Loureiro, Macabeo, Malvar, Malvasia, Merseguerra, Moscatel, Palomino, Parellada, Pedro Ximénez, Treixadura, Verdejo e Xarel-lo, originária da Grécia.

As mais cultivadas na França, para tomar como exemplo os dois países considerados referência no que diz respeito à viticultura, são: Aligoté, Bourboulene, Chardonnay, Chenin, Clairette Branca, Grenache Blanc, Macabeu, Marsanne, Moscato de Alejandría, Moscato de grãos pequenos, Picpoul, Riesling, Roussanne, Sauvignon Blanc, Sémillon, Trebbiano, Vermentino (Rolle) e Viognier.

Ao que tudo indica, a uva europeia se originou na Ásia, perto do mar Cáspio, de onde se espalhou por toda a costa mediterrânea. Apesar de as primeiras variedades de Vitis vinifera produzirem uvas tintas, a mutação dos genes permitiu que as uvas brancas fossem cultivadas já no antigo Egito. Hoje em dia, existem 3 mil variedades de uvas brancas.

27 *Albariño*

Cresce em parreiras de um a dois metros de altura com cachos pequenos, amadurecimento prematuro e vigor médio. Sua cor é palha brilhante com alguns tons dourados. Suas uvas brancas, de tamanho médio, são muito doces, repletas de glicerina e dão origem a vinhos de ótima qualidade, muito secos e com muita personalidade.

Originária da Galícia, é a variedade de base para a denominação de origem Rías Baixas. Ocupa a maior parte da superfície cultivada nas quatro províncias galegas, mas seu baixo rendimento faz com que seu fruto seja muito valorizado.

De brotamento precoce e amadurecimento tardio, tem um ciclo vegetativo comprido, o que permite alcançar uma ótima maturação.

É muito resistente à podridão nobre e ao míldio, que costumam atacar as plantações em climas úmidos.

Conta-se que a Albariño foi levada para a Galícia por monges beneditinos que percorriam o Caminho de Santiago no século XII. Outra tradição diz que foi trazida por Raimundo de Borgonha, marido da rainha dona Urraca de Castela, que costumava visitar Caldas de Reis no século XI.

28 *Chardonnay*

É uma cepa originária da Borgonha francesa, difundida internacionalmente e muito cultivada na Austrália, Califórnia, Chile e África do Sul. Na França, é cultivada principalmente nas regiões da Borgonha, Chablis e Champagne. Na Espanha, rende bem na Catalunha, Navarra e Aragão. Na Argentina, é a base para muitos vinhos espumantes. O seu cultivo adequado é feito na treliça. Produz uvas amarelas que se tornam âmbar ou mel quando amadurecem, de pele fina e bagas pequenas e redondas. Os cientistas que investigaram sua genética dizem que ela vem das cepas Gouais Blanc e Pinot.

Na primavera, o auge de crescimento das folhas apresenta uma capilaridade acentuada. As folhas têm dentes com bordas retilíneas e quando adultas são inteiras, sem saliências marcadas, e têm pecíolos abertos e limitados pelas nervuras.

É considerada por muitos a rainha das uvas brancas, mas disputa esse posto, com razão, com a Sauvignon Blanc. É uma das variedades de uvas brancas que dá origem aos melhores vinhos. Produz um mosto suave e aromático, chamado de frutado, e por isso é muito apreciada para a produção de espumantes.

Por ser uma variedade que oxida com facilidade, não é considerada adequada para a produção de vinhos para serem consumidos ainda jovens. Os vinhos produzidos com as devidas precauções para evitar a rápida oxidação têm um colorido muito brilhante, entre o amarelo-palha e o amarelo-ouro, aroma intenso, são largos na boca, tem viscosidade leve e são muito equilibrados. Um breve período de envelhecimento em madeira empresta a esses vinhos um aroma mais elegante e intenso, até amanteigado.

Seu aroma lembra frutas frescas, como a maçã, ou flores. As variedades que permitem o envelhecimento em barril de carvalho adquirem sabores e aromas muito apreciados pelos consumidores.

29 Chenin Blanc

É uma variedade originária do vale do Loire francês e que também recebe o nome de Steen na África do Sul, Pineau de la Loire na sua região de origem, ou ainda Pinot Bianco, Pinot d'Anjou e Blanc d'Anjou. É uma cepa vigorosa que produz uvas cônicas e de tamanho médio, com bom potencial de glucométrico.

Dá origem a vinhos de acidez elevada, vida longa e bom potencial de envelhecimento. É utilizada para produzir vinhos brancos de vários estilos, com ou sem açúcar residual. Também é usada na produção de conhaque, vinhos secos de mesa e vinhos ligeiros e brilhantes.

É considerada por muitos enólogos como a variedade de uva mais versátil, já que se adapta bem a climas frios, mas também pode amadurecer em climas considerados quentes demais para outras variedades e em muitos tipos de solo. Apesar de brotar precocemente – o que a deixa vulnerável às geadas de primavera –, em alguns climas do hemisfério norte amadurece tão lentamente que a vindima só acontece em novembro.

30 Gewürztraminer

Apesar de ser uma cepa tipicamente alsaciana, alemães e italianos disputam sua origem. Na verdade, ela descende da uva Alminea, cultivada no norte da Grécia, e sua expansão se iniciou na Itália antes do ano mil. Hoje em dia, é melhor cultivada na Alsácia, na Nova Zelândia e no Alto Ádige italiano.

Os vinhos obtidos a partir da Gewürztraminer são harmônicos, de textura quase untuosa, picantes, condimentados, suculentos e persistentes na boca. Em alemão, "Gewürz" significa picante ou condimentado.

É uma cepa alta, de folhas grandes e esféricas. Os cachos são pequenos, apertados e de forma cilíndrica ou cônica. A uva é pequena, oval, com sabor de pétalas de rosa e cor rosa-claro. Isso faz com que a partir dela se obtenham os vinhos de cor mais intensa entre todos os brancos. Floresce muito rapidamente, tem acidez muito baixa e altos níveis de açúcar, e por isso é cultivada preferencialmente em climas frios, apesar de ser muito sensível a geadas.

31 Viura

Essa variedade também recebe o nome de Macabeo, Viuna ou Alcañon. Apesar de ser abundante tanto na região de La Rioja na Espanha quanto no Languedoc francês, tem origem espanhola, provavelmente catalã ou valenciana. Hoje em dia, é cultivada em muitas outras regiões espanholas, e também na França, Itália e Estados Unidos. As vinhas têm um porte ereto. Os cachos são pequenos, compactos e têm uma forma cônica larga. As uvas, esféricas, são amarelas e se tornam pardas nas

A Viura origina vinhos brancos, de cor verde-palha brilhante, com intenso aroma de frutas, saborosos, moderadamente ácidos e complexos na boca. É excelente para a fabricação de espumantes e muitas vezes é mesclada à Jardana, de cor dourada e mais seca e ácida.

regiões ensolaradas. Brota tardiamente e tem amadurecimento médio ou tardio. É resistente a geadas e é sensível a ataques de míldio, oídio e podridão nobre.

32 *Malvasia*

Essa variedade, originária da Grécia, dá origem a vinhos muito aromáticos e de grande personalidade. É considerada a principal variedade da denominação de origem Calatayud. Existe uma Malvasia de La Rioja e uma outra catalã que recebe o nome de Subirat Parent.

Hoje em dia, é muito cultivada nas províncias espanholas de Valência, Zamora, Santa Cruz de Tenerife, ilha de La Palma, Las Palmas de Gran Canaria e na ilha de Lanzarote. A vinha da Malvasia tem um tronco forte e pouco rami-

A uva Malvasia produz um vinho doce que adquire cor dourada com tons de âmbar e aroma muito marcante. A doçura de seu vinho, que pode superar os 45 gramas por litro, é natural. Suas uvas têm uma grande concentração de açúcares, produzem mostos com mais de 270 gramas de açúcar por litro e sua fermentação é interrompida de forma natural.

ficado, folhas de um verde muito intenso e tamanho médio, assim como os cachos e as bagas. Estas têm polpa suculenta e são amarelo rosado quando maduras.

33 *Moscatel ou Muscat*

Existem cerca de 200 variedades de uvas Moscatel entre as quais se destacam a Muscat de Frontignan ou Muscat Blanc, a Moscatel de Alexandria ou Moscatel de Málaga, a Muscat Ottonel e a Moscatel da África do Sul. Entre as Muscat francesas, a mais conhecida é a de Rivesaltes, o melhor vinho fortificado da França.

A Moscatel de Alexandria ou de Málaga é uma cepa mediterrânea que precisa de muito sol, solos úmidos e proximidade do mar. Tem um aroma almiscarado inconfundível, como o das uvas-passas, e seus altos teores de açúcar a tornam ideal para a fabricação de vinhos doces e pouco ácidos. Também é muito usada como uva de mesa e na vinificação de vinhos secos, como em Valência. Variedades de Moscatel são utilizadas para fazer pisco no Peru e singani na Bolívia.

O vinho Moscatel é um vinho naturalmente doce, elaborado a partir de uvas maduras que recebem muito sol e cujo mosto é submetido a uma fermentação alcoólica parcial. O vinho resultante tem características de perfume floral que o diferencia de outros vinhos doces. Ao norte da província de Málaga se cultiva uma outra variedade, a Moscatel Morisco, que produz vinhos muitos perfumados. Na Califórnia, a Muscat Blanc dá origem a vinhos muito doces e perfumados.

A Moscoto di Pantelleria, na ilha vulcânica da Sicília, e a grega de Lemos são outras variedades de Moscatel muito apreciadas. Elas estão espalhadas por toda as regiões próximas à costa, desde o Chipre até a Turquia.

Durante a Idade Média, os vinhos Moscatel da ilha de Corfú eram comercializados com o nome de Romania e disputavam o mercado com os Malvasia de Creta. Os dois são elaborados a partir de uma das cepas mais antigas que se conhece. A uva Moscatel é originária do norte da África, onde se chama Zibible; foi cultivada pelos egípcios e pode ser identificada como a Apiana dos tempos do imperador Augusto.

34 *Pinot Gris e Pinot Blanc*

A Pinot Gris é um tipo de uva que recebe muitos nomes diferentes e é cultivada principalmente na Europa e nos Estados Unidos. As de maior qualidade, no entanto, são produzidas na Alsácia, onde é conhecida como Tokai da Alsácia e origina magníficos vinhos secos e alguns doces. Apesar de suas características variarem de acordo com a localização, suas uvas costumam ser cinza-azuladas e produzir vinhos dourados, potentes, com nariz complexo e notas perfumadas. Sua potência permite acompanhar carnes vermelhas e de caça.

A Pinot Blanc, originária da Borgonha, é uma mutação da Pinot Gris e tem folhas, cachos e bagas parecidos com os da Chardonnay, razão pela qual é às vezes chamada de Pinot Chardonnay.

O vinho feito com a Pinot Gris é tão potente que pode acompanhar carnes vermelhas e de caça. A Pinot Blanc se parece tanto com a Chardonnay que é comum que ambas sejam cultivadas juntas e cheguem a ser confundidas na Austrália.

35 Riesling

É uma variedade de uva branca considerada por muitos superior à Chardonnay. É originária da Europa Central e precisa de terrenos frescos porém ensolarados para o seu cultivo. Produz magníficos vinhos brancos na Alsácia e em algumas regiões da Alemanha, da Áustria e do norte da Itália. São vinhos que cobrem uma gama ampla, pois podem ser desde muito secos a muito doces, mas sempre leves ao paladar.

Quando jovens, costumam ser ácidos e verdes, mas se suavizam com o necessário envelhecimento em garrafa. Quando a uva da Riesling é colhida com a chamada podridão nobre, produz vinhos doces de sobremesa de qualidade inesquecível.

Na Espanha, encontram-se pequenas culturas de Riesling na Catalunha, Múrcia e Huesca. Na região catalã de Penedès, essa uva produz o vinho Vi de Gel, por meio de um processo particular de vinificação que o inclui entre os "vinhos do gelo", ou "Eiswein", como são chamados na Alemanha e na Áustria.

36 Sauvignon Blanc

Essa variedade, também chamada simplesmente de Sauvignon, é a mais fina das cepas brancas francesas, depois da Chardonnay. Suas bagas são pequenas e, quando maduras, douradas. É cultivada principalmente nas regiões francesas de Bordeaux, Graves e no vale do Loire, mas também se adaptou muito bem no México, Argentina, Chile, Uruguai, Califórnia e Nova Zelândia.

É encontrada principalmente em climas frios. Suas bagas são pequenas, douradas, de casca espessa e sabor ligeiramente almiscarado. É uma variedade que exige muito do viticultor, pois é muito sensível no momento da vindima e ao excesso de produção, podendo perder qualidade. Quando a uva não amadurece completamente, produz vinhos ásperos, vegetais e carentes de aroma;

quando produzida em excesso, seus vinhos são medíocres e ácidos demais.

Produz vinhos fortes, picantes, claros, elegantes e bem estruturados, apesar de pouco profundos. Eles têm boa acidez e complexidade aromática, com toques de ervas recém-colhidas, valeriana, flor de cassis, jasmim, almíscar e aspargos. Sua forma mais pura, sem carvalho, é produzida no vale do Loire e é um excelente aperitivo. Uma pequena quantidade de uvas Sauvignon amadurece em barris de carvalho novo e envelhece muito bem tanto em Bordeaux quanto em algumas regiões italianas. A Califórnia é o maior produtor de vinhos Sauvignon nas Américas. No vale de Sonoma, essa variedade recebe o nome de Fumé Blanc, e produz vinhos que envelhecem em carvalho e têm aroma de baunilha.

A Sauvignon Blanc desempenha um papel importante nos cortes que tornam possíveis os vinhos de Sauternes e Barsac, uma divisão de Sauternes difícil de compreender. Isso é possível porque a Sauvignon é sensível à podridão nobre, ainda que menos que a Semillón, com a qual deve ser mesclada a 20% para se obter esse maravilhoso vinho doce.

37 *Semillón*

É também chamada de Colombar, Colombia, Colombier, Greengrape e Semillón Muscat. É uma variedade que surgiu na França, mas que hoje também é cultivada na Espanha, Austrália, Argentina, Califórnia, Chile e Nova Zelândia.

Atinge seu esplendor máximo em Bordeaux e em Sauternes-Barsac, já que sua casca fina e sua sensibilidade à *Botrytis cinerea*, o fungo que produz a podridão nobre, a torna indispensável para a produção dos vinhos Sauternes e Barsac.

As plantas, resistentes à pragas e outras enfermidades, produzem cachos grandes e compactos, e uvas medianas, esféricas e de cor âmbar. Combina bem com a Chardonnay, Moscatel, Sauvignon Blanc e Ugni Blanc.

A variedade Semillón é utilizada na Califórnia e na Austrália para a produção de magníficos vinhos de sobremesa, que devem ser bebidos jovens. No vale de Hunter, na Austrália, o vinho é engarrafado jovem e envelhecido de cinco a dez anos, tornando-se um dos melhores vinhos brancos do mundo.

38 *Verdejo*

É uma vinha de porte horizontal e tronco vigoroso. Ela dá brotos e amadurece cedo ou em médio prazo. Seus cachos são pequenos, com o pedúnculo visível e bagas de tamanho médio. É possível que seja a variedade de uva branca de ori-

gem espanhola com mais personalidade, como demonstram os vinhos de Rueda. Esses vinhos são frescos e frutados, com muito corpo, açucarados, suaves e com moderado teor alcoólico. Além dos famosos vinhos brancos, naquela região a Verdejo também produz o não menos conhecido vinho tinto de Rueda, um vinho fortificado no estilo Jerez de excelente qualidade e que também é encontrado perto do município de La Seca. Além da província de Valladolid, também pode ser encontrada em Segóvia e Ávila, que têm clima e terrenos muito parecidos.

Os vinhos brancos da denominação de origem Rueda devem ter no mínimo 75% de Verdejo e costumam ser complementados com Sauvignon Blanc para realçar seu sabor frutado.

39 Principais cepas tintas

A Syrah, uma variedade de uva tinta cultivada hoje em dia em muitas regiões do mundo, está entre as cepas viníferas que chegaram ao Egito há 5 mil anos. Os gregos e os fenícios espalharam seu cultivo por toda a costa mediterrânea. Roma a levou para todo o continente europeu, e espanhóis, italianos e franceses levaram seu cultivo para terras nas Américas, Oceania, África e Ásia. Atualmente, as variedades de uvas tintas mais importantes do mundo, além da Syrah, são: as francesas Cabernet Sauvignon, Cabernet

Franc, Malbec, Merlot, Pinot Noir e Pinotage; as espanholas Cariñena, Grenache, Graciano e Tempranillo; as italianas Bonarda, Sangiovese, Tannat e Nebbiolo. Se cortarmos uma uva vermelha ao meio e expremermos uma das partes, veremos que sua polpa é translúcida, salvo algumas poucas exceções, como a Garnacha Tintorera, que tem suco rosado. Por isso, é possível obter vinho branco a partir de uvas tintas, diferentemente do vinho tinto, que deve ser feito em sua maioria com uvas tintas, já que a cor se encontra na casca.

Além das já citadas, as principais variedades de uvas tintas cultivadas na Espanha são: Alicante ou Garnacha Tintorera; Bastardo Negro; Bobal, cultivada nas denominações de origem Utiel-Requena e Valência; Cabernet Franc; Cariñena ou Carignan, Cencibel ou Tempranillo; Garnacha; Garró; Graciano; Hondarrabi Beltza, também conhecida como Almuñeco e Mollar Cano; Mazuela ou Mazuelo; Mencía ou Negra; Monastrell; Negramoll; Samsó; Tempranillo ou Ull de Llebre na Catalunha; Tinta del país, que vem do mesmo tronco e é a principal variedade em Ribera de Duero e Cigales; e Tinta del Toro.

40 *Cabernet Sauvignon*

Possivelmente é a rainha entre as cepas tintas e é a mais adequada para a elaboração de vinhos tintos reserva. Alcança seu esplendor máximo no distrito de Médoc, em Bordeaux, mas se adapta tão bem que mantém sua tipicidade onde quer que seja cultivada. Cada vez mais as denominações de origem espanholas a incluem entre as variedades autorizadas.

É uma cepa mediana que precisa de espaldeira e água para uma boa produtividade. Tanto o cacho quanto as bagas são pequenos. Tem um ciclo de desenvolvimento muito favorável.

Quando o mosto dessa uva tem acidez e açúcar bem equilibrados, é possível obter vinhos de altíssima qualidade: de vermelho muito intenso, rubi ou groselha, com alto teor de taninos e aromas penetrantes de groselha ou pimentão verde.

Seus vinhos monovarietais precisam de tempo para aplacar sua juventude selvagem, repleta de taninos ácidos e ásperos. Produz bons cortes com vinhos de menos personalidade ou menos tânicos, como o Merlot.

41 *Cabernet Franc*

Originária de Bordeaux, tem menos corpo, cor e acidez do que a Cabernet Sauvignon e a Merlot, mas é mais aromática. A maior parte dos vinhedos se encontram nas regiões francesas de Bordeaux e vale do Loire. Na Espanha, é cultivada em menor escala na Catalunha, onde é uma das variedades autorizadas nas denominações de origem da Catalunha, Conca de Barberá, Penedés e Terra Alta.

O cacho dessa variedade é de tamanho médio e forma alargada. Suas bagas são esféricas, pequenas e de casca fina. A polpa é moderadamente adstringente. Seu amadurecimento é precoce e cresce em climas bastantes frios.

Os vinhos Cabernet Franc têm taninos mais leves que os Cabernet Sauvignon, com os quais é possível fazer um corte para suavizar sua agressividade e cor intensa, e acelerar seu envelhecimento.

42 Carignan, Cariñena

Cariñena é a maior e mais antiga denominação de origem de Aragão e uma das mais antigas da Espanha (1932). Ela recebeu o mesmo nome desta variedade de uva tinta, chamada de Mazuelo em alguns lugares do norte da Espanha, de Samsó em Penedes, Carinyena em outras regiões catalãs, Carignan ou Cariognane na França, e Gragnano na Itália.

É uma variedade muito produtiva, de cacho mediano, compacto e baga também de tamanho médio. Dá origem a vinhos de aromas curtos, muito tânicos e com alto grau de acidez. Tem uma cor forte que mantém por muito tempo devido aos poucos oxidantes que contém, o que a torna um complemento ideal para a Tempranillo e para a Grenache.

Há quem diga que os vinhos produzidos com essa cepa são vulgares e sem classe, enquanto outros a defendem incondicionalmente. Os vinhos de Cariñena mais característicos são produzidos em Priorato, em corte com a Grenache, já que nessa região de solos de ardósia esta uva desenvolve maior personalidade.

Essa cepa, elaborada com macerações carbônicas, pode tanto dar vinhos medíocres se plantada em terrenos planos, como vinhos muito bons se cultivada em zonas altas ou em colinas com solos finos, pobres, quentes e leves, com boa reserva hídrica e de composição argilo-arenosa. É uma variedade que rende tanto que pode alcançar os 150 hectolitros por hectare. Seus brotos tardios mantêm seus frutos livres das geadas da primavera. Apesar dessas qualidades, está sendo substituída na região que recebe seu nome pela Grenache, uma variedade que tem mais personalidade porém menos acidez e sabor. Desse corte, nascem os clássicos tintos de mesa jovens que em seus melhores exemplares são aveludados, carnosos, de cor intensa e adstringência suave. Nos destinados ao envelhecimento em barris de carvalho, aumenta-se a proporção de Cariñena e o resultado são vinhos sedosos, viris e tenros.

43 *Grenache*

Essa variedade de uva tinta é utilizada tanto para a vinificação quanto para o consumo como uva de mesa. Suas bagas são ovais, doces e de cor roxa. Produz um vinho tinto ou rosado de teor alcoólico entre 15% e 16%, de pouca cor, bom corpo e baixa acidez.

Seu nome vem de Vernazza, povoado situado na Ligúria italiana e sua origem, incerta, pode ser aragonesa, já que em La Rioja é chamada de Tinta aragonesa. Na Sardenha acredita-se que foi levada até lá por catalães. Também é conhecida pelos nomes de Garnatxo ou Garnatjo em Meresme e na Catalunha do Norte, Gironet ou Giró em Maiorca, Lledoner em Ampurdán, Granatxa em Priorato, Vernatxa em Maestrazgo e em Tierras del Ebro, Negrella em Valência, Canonau em Algueiro, Cannonou na Sardenha e Grenache na França, Califórnia e Austrália.

É chamada de Garnacha negra ou Garnacha do país para diferenciá-la de suas outras variedades: Garnacha blanca ou alicantina, Garnacha tintera ou "alacant" e Garnacha peluda ou Lledoner gris.

44 Graciano

Variedade de La Rioja, é uma cepa forte e resistente, de baixo rendimento, cachos médios e compactos, e bagas tintas também médias. Sua cor é intensa, mas pouco estável, já que logo passa do vermelho ao marrom do vinho velho. Um vinho varietal de Graciano seria muito aromático mas teria uma cor muito instável.

A uva Graciano não é muito comum, apesar de suas qualidades, por causa de sua baixa rentabilidade. Mas pode-se vê-la muitas vezes em cortes com outras variedades em muitos vinhedos.

Essa variedade dá origem a um mosto muito oxidante do qual se obtém vinhos muito apreciados. Quando jovens, são muito tânicos, rudes e ásperos, mas evoluem muito bem durante o envelhecimento em madeira e em garrafa, e por isso sua presença é comum nos grandes reservas de La Rioja e Navarro. Atinge sua qualidade máxima no triângulo Villalba-Briones-Labastida.

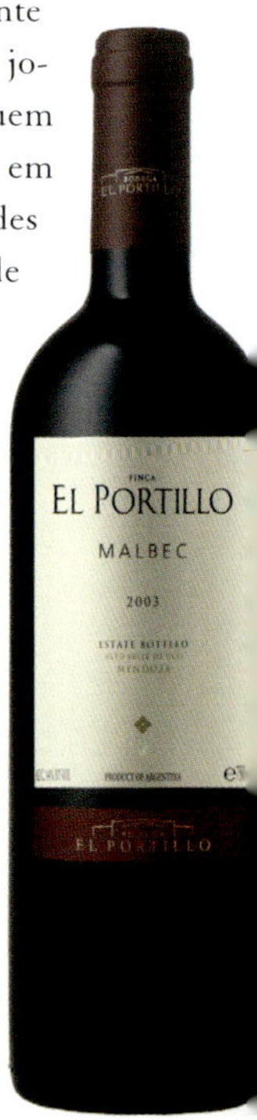

45 Malbec

É uma uva que surgiu no sudoeste da França e é conhecida por muitos nomes como Cot, Malbeck, Auxerrois, Luckens ou Pressac. Com o nome de Malbec é a variedade tinta que melhor se adaptou ao solo argentino e por isso se tornou sua cepa símbolo e origina vinhos de excelente qualidade. É muito empregada para fazer vinhos de corte ao estilo de Bordeaux e para suavizar a Cabernet Sauvignon.

A cepa dá uvas de tamanho médio, cor azul-escuro intenso e pele fina. Dela se obtém um mosto abundante e de sabor muito especial.

Seus vinhos, de cor púrpura, têm aromas muito intensos e sabor muito agradável. Os mais leves e frutados devem ser consumidos jovens; os de maior corpo têm uma grande capacidade de guarda, com aromas de frutas vermelhas cozidas.

O vinho Malbec apresenta cores vermelho-cereja ou são tão intensos e escuros que podem parecer negros. São vinhos quentes, suaves e com uma certa quantidade de taninos doces que lhe emprestam características muito agradáveis.

46 *Merlot*

Esta variedade, também chamada de Bigney ou Plant Médoc, é originária do sudeste da França e está presente, junto com a Cabernet Sauvignon, em quase todos os vinhos de Bordeaux, especialmente em Pomerol e Saint Emilion. Também é muito cultivada na Califórnia e no Chile e inicia sua expansão na Argentina, onde só é utilizada em cortes com Cabernet e Malbec. Mas ela também dá muito bons varietais.

Na Espanha, também está se expandindo bastante nas denominações de origem Alicante, Bullas, Campo de Borja, Jumilla, La Mancha, Pla i Llevant, Ribera del Duero, Somontano, Utiel-Requena, Vinos de Madrid e Yecla.

É uma variedade que tem dificuldades para adaptar-se ao calor e aos solos pobres. Tem cachos e bagas pequenos, baixo nível de acidez e produz vinhos finos de cor intensa e agradáveis aromas doces. Seu vinho, parecido com o Cabernet, apesar de menos duro em sua juventude, é extremamente expressivo, frutado, complexo e tem agradáveis taninos.

47 *Pinot Noir*

É uma variedade que se adapta bem às regiões altas e frias e tem bagas pequenas e preto-arroxeadas. É também chamada de Auvernat, Blauer Spätburgunder, Pinot Nero e Pinot Tinto. Na França, é abundante na Borgonha, onde é usada na elaboração de vinhos magníficos e compete com a Cabernet Sauvignon na eterna discussão sobre qual é o melhor vinho tinto francês, já que é uma variedade excepcional para a elaboração de vinhos varietais. Infelizmente, a Pinot Noir não mantém suas virtudes quando cultivada fora da Borgonha, e mesmo dentro dessa região a qualidade varia muito. Na Espanha, está autorizada nas denominações de origem Somontano, região para onde foi importada pela adega Lalanne, e na denominação de origem Penedes.

Seus vinhos têm uma notável amplitude aromática, floral, com sabores de fruta: frutas vermelhas e negras como cereja, amora, framboesa, ameixa, canela, coco, entre outros. É um vinho que combina características aparentemente opostas, é frutado e maduro, suave mas encorpado, com grande permanência no paladar, mas nada agressivo. Tem uma cor mais suave que o Cabernet e o Merlot, alto teor de álcool e é discretamente tânico.

Na Argentina, o Consejo Regulador del Cava autoriza o emprego dessa variedade para a elaboração de vinhos espumantes rosados, além de também ser usada, após uma cuidadosa vindima, para a fabricação de um vinho branco usado como base para outros espumantes. Quando jovem, o vinho tem cores muito vivas, vermelhas, rubi ou violeta, mas à medida que envelhece se torna alaranjado, para chegar a ser quase terra na maturidade. Na boca, possui um baixo nível de acidez e uma quantidade de taninos que permitem que os sabores de morango, mirtilo, ameixa, cereja, rosa, anis ou couro sejam percebidos com nitidez.

48 *Pinotage*

Essa variedade surgiu do cruzamento da Pinot Noir e da Cinsault. A Pinot Noir é a variedade responsável pelos famosos vinhos de Borgonha e a Cinsault é uma uva bastante resistente e fácil de cuidar que produz vinhos muito apreciados no sul da França. O professor Peroldt usou ambas e criou a Pinotage em 1925, na África do Sul. É uma uva difícil de cultivar, mas origina vinhos deliciosos.

Até pouco tempo atrás, essa variedade era chamada de Hermitage. Além da África do Sul, também é cultivada no Zimbábue, na Nova Zelândia e na Califórnia, mas os Pinotage realmente importantes continuam a ser produzidos em seu país de origem.

Nos anos 1990, os vinhos baseados na Pinotage começaram a conquistar o mercado internacional e a ser apreciados e premiados em diversos concursos ao redor do mundo. É um vinho com profundidade de sabores, frutado e refrescante, com boa graduação alcoólica que lhe empresta boa estrutura e equilíbrio.

49 *Sangiovese e Nebbiolo*

A Sangiovese é a principal uva tinta da Toscana, a ponto de não ser raro chamar os Chianti de Sangioveto. Hoje em dia, está sendo bastante cultivada na Argentina e, em menor extensão, no Chile. É uma variedade de produtividade moderada, maturação tardia, acidez equilibrada e cor tênue. Os vinhos produzidos com ela devem ser bebidos jovens e são frutados, com tons florais de violeta, e frescos. Também é empregada na composição de inúmeros vinhos de corte, nos quais acompanha muito bem a Cabernet Sauvignon e a Bonarda.

A Nebbiolo, muito cultivada no Piemonte, é uma das cepas tintas mais finas da Itália. Produz vinhos escuros, muito encorpados, com taninos fortes e longevos.

A Nebbiolo é usada para produzir vinhos tão famosos como o Barolo — o melhor de todos, especialmente o Michet, o Lampia e o Rosé –, o Barbaresco, o Gattinara e o Nebbiolo d'Alba.

50 *Tannat*

É uma variedade que surgiu no sudoeste da França e que é cultivada principalmente nesse país e na Bolívia, Brasil e, sobretudo, no Uruguai, onde se tornou a cepa símbolo. Lá é cultivada em mais de um terço dos vinhedos do país e dá origem a vinhos que representam o Uruguai internacionalmente.

Hoje em dia, essa variedade atingiu maior importância no Uruguai que em seu país de origem e é cultivada em uma superfície maior. São 9 mil hectares dedicados ao seu cultivo e 300 vinícolas que se ocupam com sua vinificação e envelhecimento, a maior parte delas no departamento de Canelones. Foi levada ao Uruguai por imigrantes bascos.

Devido à sua localização geográfica, entre os paralelos 30 e 35 de latitude sul, os vinhedos uruguaios são afetados pela amplitude térmica e pela proximidade com o oceano, que traz ar frio e influência no amadurecimento das uvas. Isso faz com que os vinhos raramente ultrapassem os 12% de álcool e quase todos tenham entre 10,5% e 11%. Apesar disso, os Tannat são vinhos muito intensos, ricos em taninos e mais agressivos do que os obtidos a partir de variedades parecidas, como Malbec, Carmenere ou Merlot. São vinhos de cor escura, quase negros, bastante encorpados e com bom equilíbrio entre a acidez e os sabores frutados. Na boca, dá uma sensação sedosa e tem um ataque com final amplo e seco. Além disso, tem como característica um equilíbrio notável entre a acidez e a fruta que o torna ideal para acompanhar carnes vermelhas. Vai muito bem com a carne de vitela, especialmente quando preparada na brasa.

A Tannat é no Uruguai o que a Malbec representa na Argentina: a variedade emblemática do seu país de adoção. A delicada, porém boa, presença de taninos nos Tannat uruguaios permite sua guarda por muitos anos, o que está tornando seu consumo muito popular no mundo todo.

51 *Syrah*

É uma variedade originária da Pérsia que chegou à Europa com o retorno das Cruzadas. Também é conhecida pelos nomes de Hignin Noir, Schiraz, Shiraz, Sirac e Sirah.

É a preferida no vale do Rhône, onde origina os vinhos Côte Rotie e o Chateauneuf du Pape. Com o nome de Shiraz, se tornou muito importante na Austrália. Também está em franca expansão na Argentina. Está autorizada a ser empregada nas denominações de origem espanholas Bullas, Jumilla, La Mancha, Pla i Llevant e Yecla.

Tem videiras elegantes, que produzem pouco em ambientes secos, com poucos cachos de tamanho médio e compactos. As bagas são de tamanho médio e originam vinhos de muita qualidade. Vai bem em cortes com as variedades clássicas, especialmente a Cabernet Sauvignon e a Malbec, e produz vinhos bem estruturados e complexos, tanto tintos quanto rosados.

52 *Tempranillo*

Além de Tempranillo, essa uva espanhola também é conhecida na Catalunha como Ull de Llebre. Tinta del país, em Ribera del Duero; e Cigales, Cencible, Chinchillano, Tinta del Toro, Escobera, Jacibera ou Jacivera, Tinto Fino, Tinta Santiago e Verdiell ou Verdiello. Essa variedade de nomes antecipa os tipos de vinhos obtidos a partir dela.

Considerada a variedade espanhola de maior qualidade, é a base dos vinhos tintos de denominações de origem como La Rioja, Ribera del Duero e Toro. Também é empregada como alternativa a variedades clássicas francesas em outras zonas da Espanha para renovar os vinhedos e melhorar a qualidade dos vinhos. Também é cultivada em países americanos, como Argentina e Chile. Os melhores vinhos de Tempranillo são obtidos em regiões com muita insolação e temperaturas baixas durante a noite.

Pouco produtiva, tem cachos médios, compactos e ligeiramente largos. Suas bagas são pequenas ou médias e dão origem a vinhos suaves e frutados, de cor rubi intensa, bem equilibrados e de cor estável. Seus baixos níveis de oxidantes fazem com que sejam vinhos aptos a serem bebidos jovens ou envelhecidos em barris de carvalho.

53 *Vinhos brancos secos*

Os vinhos brancos secos vêm da fermentação do suco de uvas brancas ou tintas de polpa translúcida, sem adição de cascas ou partes sólidas. Após o processo de elaboração, obtêm-se o vinho novo.

Quando o vinho está destinado a ser consumido durante seu primeiro ano de vida, é chamado de vinho jovem. A maioria dos vinhos brancos são bebidos ainda jovens, além de uma boa quantidade de rosados e alguns tintos, como o Beaujolais. Como o caráter frutado é algo muito apreciado na maioria dos vinhos jovens, a variedade de uva utilizada é muito importante. As mais apreciadas para a produção de vinhos brancos jovens são Albariño, Airen, Chardonnay, Gewürztraminer, Godello, Macabeo, Moscatel, Torronés, Riesling, Saullón, Verdejo e Viura.

Os vinhos brancos secos destinados ao envelhecimento em madeira são feitos a partir de mostos que, depois de um processo de fermentação em tonéis de madeira ou aço inoxidável, são mantidos durante algum tempo em tonéis de madeira nova, preferivelmente carvalho. São vinhos que adquirem uma personalidade forte, com muito corpo e intensidade na boca, mas com poucos aromas frutados e florais. Entre esses vinhos, destacam-se os feitos com Chardonnay.

Os vinhos brancos jovens e secos harmonizam bem com os peixes brancos, frutos do mar, pratos à base de ovos, pastas, carnes brancas e aves. Os envelhecidos em madeira são recomendados como acompanhamento de pratos mais fortes do que os aconselháveis para os vinhos jovens, apesar de também casarem bem com o mesmo tipo de comida, com exceção dos frutos do mar e dos pratos à base de ovos, que preferem o acompanhamento dos brancos jovens. Todos os vinhos brancos secos devem ser servidos resfriados, gelados ou muito gelados, de acordo com o seu tipo.

54 *Elaboração de vinhos brancos secos*

O processo de vinificação de vinhos brancos secos segue, habitualmente, os seguintes passos:

1. As uvas são esmagadas e desengaçadas. O mosto permanece um breve período em contato com as sementes.
2. Assentamento e trasfega, com resfriamento do mosto.
3. Adição das leveduras, quando necessário.
4. Adição do ácido, especialmente nos países quentes.
5. Fermentação alcoólica.
6. Fermentação maloláctica.
7. Contato ou remoção das borras.

No caso dos vinhos brancos secos envelhecidos em madeira:

8. Amadurecimento em barril.
9. Trasfega.
10. Mescla de lotes.
11. Estabilização a menos de 0ºC.
12. Clarificação
13. Envase.

A elaboração de vinhos brancos é mais delicada que a de vinhos tintos, já que os mostos brancos não contam com a proteção dos taninos, o que os deixa muito sensíveis à oxidação.

55 *Vinhos brancos doces e semidoces*

Há muitas maneiras de se obter um vinho branco doce, mas em linhas gerais ele é produzido com a interrupção da fermentação por meio da adição de dióxido de enxofre, resfriamento ou aquecimento do vinho jovem. Apesar disso, os melhores vinhos desse tipo, como o Sauternes, os Tokay, os vinhos do vale do Loire, os alsacianos e alguns outros da Alemanha, Espanha, Austrália, Estados Unidos e Nova Zelândia, são obtidos a partir de vindimas tardias com uvas muito maduras e carregadas de açúcares. Os melhores de todos, como os dois primeiros citados acima, costumam tirar partido da chamada podridão nobre, o resultado do ataque do fungo *Botrytis cinerea* às uvas, o que provoca maior concentração de açúcares por causa da perda de água.

O "passito" italiano, assim como o "vin de paille" do Jura, são obtidos a partir de uvas que foram deixadas secando sobre esteiras ou penduradas até alcançar enorme concentração de açúcares.

56 Tipos de vinhos brancos

Há tantos tipos de vinhos brancos que vale a pena fazer uma seleção básica para ajudar na hora de beber. Entre os principais tipos estão os Borgonha brancos, muito secos e suculentos. São vinhos que devem amadurecer durante anos. Os melhores são feitos com a uva Chardonnay.

Sua melhor expressão é o Chablis, fermentado em cubas sem carvalho, seco e mineral, o que o diferencia do Borgonha clássico. Na Califórnia, consegue-se obter excelentes vinhos desse tipo e na Austrália, vinhos bem parecidos, mas com a uva Semillón. Na Áustria, Califórnia, Argentina e Chile produzem-se Chardonnays muito maduros e condimentados, parecidos com os vinhos brancos de La Rioja.

Os Sauvignon, secos e com intensos aromas e sabores vegetais, são muito bem produzidos na Nova Zelândia e no Chile, sendo esses últimos mais suaves. Na Califórnia, África do Sul, Austrália e Bordeaux, são produzidos muito bons Sauvignons envelhecidos em barris de carvalho.

Os Riesling são os típicos vinhos alemães e austríacos. Possuem uma acidez marcante com sabor de maçãs verdes e aromas minerais. Quando envelhecem, seu sabor se torna estranho, mas muito agradável. São bem produzidos na Austrália e na Nova Zelândia.

Na Espanha são produzidos muitos vinhos de qualidade. Ao lado dos Jerez, Rueda e La Seca, destacam-se os vinhos amontillados e os brancos riojanos, galegos, catalães e navarros.

Os vinhos típicos da Alsácia são feitos com a Gewürztraminer e são aromáticos e semissecos. Os alsacianos são muito aromáticos, condimentados e têm aromas florais, enquanto os feitos na Itália e em outras regiões da Alemanha são mais simples. Vinhos desse tipo também são feitos com uvas Moscatel no sul da França, Austrália e África do Sul. Brancos muito aromáticos, entre os semissecos, também são produzidos na Hungria, Argentina, Austrália, Califórnia a África do Sul.

57 *Vinhos generosos, fortificados e licorosos*

O vinho generoso é aquele que alcança características particulares e excepcionais a partir de vinhos de qualidade inferior. Isso costuma acontecer por meio do uso de tecnologias específicas e como na maior parte dos casos essa tecnologia envolve a adição de álcool em forma de licor ou aguardente, também recebem o nome de fortificados ou licorosos. São mais frequentes nos países mediterrâneos e nas ilhas do Atlântico. Costumam receber o nome de suas terras de origem: Jerez, Montilla, Porto, Madeira, Canárias, Marsala, Santorini ou vinho amarelo do Jura, por exemplo. Na Austrália e na África do Sul, são elaborados alguns bons vinhos ao estilo do Porto e algumas versões do Jerez de qualidade, apesar de nunca alcançarem os melhores finos ou amontillados.

Os vinhos generosos podem ser doces e quentes, com alto teor de açúcar, ou secos e fortes. Os primeiros costumam ser usados como vinhos de sobremesa; os outros, para brindes e aperitivos.

58 *Porto e Madeira*

É um tipo de vinho cuja produção começou no século XVI com a adição de álcool de vinho durante a fermentação. Isso garantia a estabilidade do vinho quando submetido a altas temperaturas e à umidade das longas viagens marítimas da época. Suas uvas são colhidas no vale do Douro, em Portugal. Parte do mosto fermenta por completo e o vinho resultante é destilado para a obtenção de álcool. Deixa-se fermentar o resto do mosto até atingir uma concentração alcoólica de 8%. A fermentação é interrompida com a adição do álcool previamente obtido até uma concentração de 19%. Trasfega-se o vinho do Porto resultante para um barril limpo, as cascas são retiradas e ele é deixado envelhecer. Os melhores Tawny atingem mais de 40 anos. Costumam ser tintos.

No Madeira, como o sabor depende do tipo de uvas, é preciso detalhar a variedade usada na etiqueta. Costuma ter entre 18% e 20% de concentração alcoólica. Os melhores envelhecem em cubas antigas deixadas ao sol. Outros são submetidos à "estufagem": ficam sob um calor artificial de 45°C por mais de 90 dias.

59 *Jerez*

Dentre todos os vinhos generosos, é preciso destacar o Jerez, um vinho branco enriquecido com aguardente vínica e envelhecido por anos em barricas de carvalho, pelo sistema de solera. Cerca de 90% do vinho produzido é destinado à exportação. Seus vinhedos – mais de 18 mil hectares – recebem até 24 tratamentos diferentes ao longo do ano, incluindo podas verdes para a manutenção da baixa produção por hectare. A rainha dos Jerez é a uva Palomino, chamada de Listán em Sanlúcar; Horgazuela em Puerto de Santa María; Ojo de Liebre em Lebrija; e Tempranilla em Trebujena.

Ao vinho jovem de cada ano, sobretabla ou mosto, é adicionado álcool vínico para que os vinhos que vão ser criados com a levedura de flor chegue aos 15% e o restante aos 18%. Uma vez fortificado, são introduzidos em velhos barris de carvalho, chamados de botas, com capacidade para 500 litros. Ali são submetidos ao sistema de soleiras e criadeiras, com várias camadas de "botas" (as criadeiras) sobrepostas, sobre uma camada que descansa no chão, a "soleira". É desta que se tira a cada ano uma pequena quantidade de vinho que é substituída pela quantidade igual de vinho proveniente da criadeira que descansa sobre ela, e assim sucessivamente. A camada superior é cheia de vinho novo todos os anos.

Os vinhos Jerez fortificados até chegar a mais de 17% de álcool criam uma levedura chamada de "flor", assim as botas são cheias até em cima para que ocorra o envelhecimento oxidativo. São vinhos do tipo Oloroso, Raya, Palo Cortado e Pedro Ximénez.

Os vinhos criados com a levedura de flor, envelhecimento biológico, desenvolvem um intenso perfume característico e uma sensação de grande potência na boca. A esse grupo pertencem o fino, o manzanilla e o amontillado, que são produzidos quando o fino perde a flor e continua seu envelhecimento oxidativo dentro da bota, mudando de cores e aromas. Os amontillado são ideais para serem bebidos sozinhos ou como aperitivo. O Reino Unido,

Holanda, Alemanha e Estados Unidos são seus principais consumidores, mas essas variedades são comercializadas misturadas e com nomes como Stevens Sherry, Dry ou Médium Dry.

60 *Espumantes*

Os vinhos espumantes são possíveis graças à solubilidade do dióxido de carbono desprendido durante a fermentação. Quando o CO_2 é mantido a uma pressão alta, os vinhos espumantes são produzidos; quando a pressão é baixa, o vinho é chamado de frisante. Sua presença dota os vinhos espumantes de características que fizeram deles o vinho típico das grandes comemorações. Não é uma boa ideia servi-lo ao final das refeições, já que seu caráter gasoso não é feito para seguir muita comida. O melhor é bebê-lo no começo. É um vinho ideal para ser o único a ser servido ao longo de toda a refeição.

Dentre os tipos de vinhos espumantes que existem, destacam-se a champagne francesa e os cava espanhóis, embora hoje em dia se produzam espumantes de qualidade em quase todas as outras grandes regiões vinícolas: Itália, Califórnia, Austrália, Nova Zelândia, África do Sul, Argentina, Brasil etc.

61 *Vinificação dos espumantes*

Há três métodos básicos de vinificação de espumantes naturais: o tradicional ou *champenoise*, o Charmat e a transferência.

O *champenoise* é utilizado na região francesa de Champagne. É feito a partir de um vinho base que não ultrapasse os 11% de álcool. A ele é adicionado o licor da expedição: uma mistura de leveduras e açúcar em um vinho um pouco mais velho. As garrafas são cheias, fechadas com uma tampinha metálica e armazenadas em

O Charmat é um processo parecido, mas a segunda fermentação acontece em grandes tanques, em vez de nas garrafas. Na transferência, o vinho é fermentado na garrafa e depois transferido para outra garrafa.

posição horizontal, para uma segunda fermentação, durante nove meses no mínimo. Depois, são colocadas nos *pupitres*, nas quais ficam inclinadas para que os sedimentos, ou a borra, se depositem no gargalo da garrafa,

Daí acontece a remoção: as garrafas são giradas 1/8 de volta por 21 dias, durante os quais passam da posição horizontal para a vertical. A borra é eliminada congelando-se o gargalo da garrafa, que é aberta para eliminar os sedimentos ao mesmo tempo que o licor de expedição é adicionado.

62 *Vinhos tintos*

Para produzir o vinho tinto, o mosto é fermentado na presença de partes sólidas da uva: as cascas, a polpa e as sementes. Para obter-se vinhos tintos muito densos, os ramos dos cachos são incorporados por um breve período. Mas o processo habitual da vinificação dos vinhos tintos segue os passos descritos a seguir.

Primeiro as uvas são prensadas para que a casca se rompa e o suco seja liberado. Depois são desengaçadas, isto é, separa-se os ramos dos cachos. Nos vinhos sulfitados, acrescentam-se o dióxido de enxofre.

A seguir, acontecem dois processos simultâneos: a fermentação – realizada por leveduras que transformam o açúcar em álcool e outros componentes – e a maceração, em que o mosto recebe das partes sólidas da uva a cor e os taninos que irão enriquecer o vinho. Às vezes, faz-se uma maceração carbônica, em que as uvas são colocadas em vasilhames cheios de gás carbônico em temperatura ligeiramente alta.

Terminada a fermentação alcoólica, acontece a fermentação maloláctica: as bactérias que substituem as leveduras alcoólicas efetuam uma segunda fermentação em que o ácido málico se transforma em ácido láctico.

Como nos vinhos novos acontece uma clarificação espontânea, são feitas diversas trasfegas, passando o vinho que se encontra sobre as borras para vasilhames completamente limpos.

Na clarificação, adiciona-se uma substância de natureza coloidal para que esta leve as partículas indesejadas em suspensão para o fundo do barril.

Os grandes vinhos tintos são submetidos a um processo de envelhecimento: o amadurecimento em barris de madeira. Esse processo termina com o envase do vinho.

O vinho tinto é muito apreciado, e com razão, por causa de seus efeitos benéficos para a saúde quando bebido com moderação. Boa parte desses efeitos de devem à presença dos taninos e dos polifenóis. Esses últimos têm um efeito antioxidante. Os taninos dos vinhos tintos ajudam a manter as artérias limpas e, assim como os polifenóis, contribuem para evitar doenças cardiovasculares.

63 Vinhos rosados e claretes

Apesar de muitas vezes serem confundidos, os rosados e os claretes são dois tipos de vinhos diferentes: os rosados são vinificados como os brancos; os claretes, como os tintos.

O rosado é obtido a partir de uvas tintas, ou pela mescla de uvas tintas e brancas. O primeiro mosto das uvas passa por uma curta maceração a frio com suas cascas para que não fermente, até atingir a pigmentação desejada.

Em geral, tanto os rosados quanto os claretes devem ser bebidos no mesmo ano em que foram engarrafados e devem ser servidos a temperaturas entre 8°C e 12°C. Na Espanha, o clarete é muito popular.

O clarete é feito com uma mistura de uvas brancas e tintas. O mosto fermenta com as cascas, o que produz um vinho com cores claras. A União Europeia eliminou o conceito de clarete de suas normas e proíbe a mescla de vinhos tintos e brancos para a obtenção de claretes.

64 Principais denominações de origem

É indispensável citar os vinhos da Borgonha e de Bordeaux, apesar de haver centenas de denominações de origem e dezenas que produzem vinhos Grand Cru e Premier Cru. Na Espanha, junto com os vinhos da Ribeira del Douro e de La Rioja, parece impossível esquecer as DO de Navarra, Catalunha, La Mancha e Galícia. Na Itália, há mais de 300 Denominazione di Origine Controllatta e dezenas de Denominazione di Origine Controllatta e Garantita, com destaque especial para Barbaresco, Barolo e Carmignano. Em Portugal, atenção para os vinhos do Porto e da região do Douro, entre outros. Também há os vinhos tintos de Creta, os Eger da Hungria... E junte-se à produção desses países de tradição vitivinícola milenar, os magníficos vinhos tintos produzidos nos vales de Napa e Sonoma (na Califórnia), do Óregon, da Austrália, Nova Zelândia, África do Sul...

Hoje em dia é muito mais fácil escolher um bom vinho tinto por causa dos vários países, regiões e denominações de origem que conseguem produzir vinhos magníficos. Basta saber que é difícil comprar um vinho tinto ruim se ele estiver amparado por uma DO ou similar.

65 A degustação

Degustar é provar, experimentar algo para analisar seu sabor ou tempero. Dá-se o nome de degustação a ação ou efeito de degustar. No caso do vinho, a degustação define o ato de analisar e perceber suas características organolépticas.

Para realizar a degustação de um vinho, utilizam-se os sentidos do paladar, olfato, tato e visão. Ela deve ser feita em um lugar bem iluminado, arejado, silencioso, sem cheiros, com uma temperatura moderada e em taças transparentes e incolores.

O principal elemento de uma boa degustação é a capacidade do degustador de perceber, combinar e interpretar as informações que os quatro sentidos - visão, olfato, tato e paladar - lhe fornecem. Essa capacidade, assim como a sensibilidade perceptiva de cada um, aumenta com a prática, tanto para degustadores profissionais quanto para os amadores, desde que se tenha como base um bom aprendizado.

Além de educar e treinar adequadamente os sentidos usados, para chegar a ser um bom degustador é fundamental memorizar e desenvolver um vocabulário próprio, uma linguagem capaz de transmitir o acúmulo de sensações percebidas durante a degustação. É preciso ter um vocabulário amplo porque as palavras ajudam o degustador a diferenciar as sensações percebidas — só somos plenamente conscientes de algo quando lhe damos um nome — e a transmiti-las posteriormente a quem está interessado em seu julgamento sobre um determinado vinho.

Existe uma tendência em achar que o principal sentido usado na degustação é o paladar. Embora a ciência já tenha demonstrado que cada pessoa tem um número diferente de papilas gustativas, isso não parece muito importante se levarmos em consideração que elas só podem dar informações sobre os quatro sabores primários: doce, salgado, ácido e amargo. Para o degustador, é mais importante cultivar um bom olfato, ter um bom nariz.

66 *Diferenças entre degustar e beber*

Para os amantes do bom vinho, beber é um prazer sensorial do qual desfrutam de forma consciente, porém passiva. No sentido contrário, ao se degustar um vinho, ele é submetido a uma análise consciente que será mais ou menos minuciosa de acordo com a finalidade daquela degustação e das possibilidades que o próprio vinho apresenta. Quando a degustação é realizada para o próprio deleite, será menos detalhada em comparação a uma degustação profissional.

Para aprender a degustar bem um vinho, ainda que de forma amadora, deve-se contar com a ajuda de um profissional experiente, além de ler atentamente livros sobre o assunto e experimentar o maior número de vinhos possível. Isso permitirá ao futuro degustador educar seus sentidos, aprender o que deve procurar em cada vinho e descobrir mais coisas com mais facilidade em cada um deles.

67 Considerações prévias sobre a degustação

Para realizar uma degustação, o vinho que será examinado deve estar em temperatura adequada para o consumo. Quem irá fazer a degustação, o degustador, deve ter a preparação necessária para discernir e descrever adequadamente as sensações que os sentidos da visão, olfato, paladar e tato irão lhe fornecer.

Para que essa descrição seja compreensível, é preciso comparar os aromas e os sabores percebidos no vinho com outros mais concretos e conhecidos por todos, como frutas, condimentos ou materiais de uso comum.

Ainda que se utilize a visão, é chamada de cega a degustação que acontece sem informações prévias sobre o vinho que será degustado. Não se sabe nada sobre sua procedência, vinícola, marca, safra, variedade de uva e estilo de vinho. Nos países anglo-saxões é comum a formação de grupos amadores de degustação às cegas dos mais diversos vinhos. Isto está sendo introduzido lentamente em outros países.

68 Técnicas de degustação

É preciso seguir uma série de passos para realizar uma degustação. Normalmente, eles são os seguintes:

1. Pega-se a taça pelo pé e eleva-se de forma que seja possível observar o vinho por cima e perceber seu brilho e limpidez.

2. Depois, a taça é levada até a altura dos olhos para que o vinho seja observado contra a luz e se possa perceber melhor sua cor e, novamente, sua limpidez.

Ao fazer com que o ar penetre na boca junto com o gole de vinho e ao devolvê-lo (o ar) pelo nariz, é possível perceber seus sabores e aromas com maior intensidade. Essa nova informação complementará aquelas recolhidas durante o exame olfativo propriamente dito.

3. A seguir, gira-se a taça para que o vinho cubra suas paredes e seja possível perceber as chamadas “lágrimas” ou “pernas” formadas pelo vinho, e que denotam o teor alcoólico.

4. Inclina-se a taça em direção ao nariz, que deve ser introduzido nela para que seja possível perceber claramente os aromas provenientes da uva, chamados primários, e os nascidos durante o processo de fermentação e envelhecimento, os secundários. Agita-se o vinho levemente de novo para umedecer as paredes da taça, isso ajuda na liberação dos aromas citados acima além de outros, que são desejáveis durante a degustação.

5. Coloca-se na boca o equivalente a uma colher de sobremesa de vinho. Move-se o vinho no interior da boca, arejando-o, para que entre em contato com toda a superfície da língua e seja possível perceber bem os quatro sabores básicos e o equilíbrio entre eles.

6. Engole-se uma pequena quantidade desse vinho, para que ele possa chegar às terminações nervosas situadas no começo da garganta e seus aromas cheguem ao bulbo olfativo.

7. Cospe-se o restante do vinho. É o fim de uma sequência que se tornará natural com a prática.

69. *As degustações sucessivas*

Em uma primeira degustação, antes de notar cuidadosamente o que é percebido pelos sentidos da visão e olfato, o degustador deve procurar perceber, junto com os sabores mais óbvios, as características gustativas básicas do vinho: graduação alcoólica, corpo, acidez, riqueza de taninos e concentração. Com isso, ele terá uma ideia muito concreta das características gerais do vinho. Em seguida, a não ser que se trate de um vinho muito simples, ele deve fazer novas e sucessivas degustações para aprofundar seu conhecimento. Para isso, durante a segunda e as degustações seguintes, é preciso absorver um pouco de ar junto com o gole de vinho para que, ao aerá-lo, seja possível perceber os sabores e os aromas menos evidentes, além de sua intensidade, sutileza, persistência e equilíbrio.

Deve-se levar em consideração o fato de que quando um vinho muito ácido é degustado antes de outro menos ácido, a tendência é considerar o segundo pouco equilibrado, mesmo que não o seja. Na ordem inversa, um vinho mais ácido parecerá áspero. Quando fizer degustações sucessivas, é importante levar em conta a questão dos contrastes.

70. *O vocabulário do vinho*

Para definir um vinho repleto de matizes, o degustador precisa dominar uma terminologia que lhe permita comunicar com palavras as sensações que experimentou com os sentidos. Essas palavras formam um vocabulário que incluem termos puramente técnicos, como os que se referem às variedades de uva, aos componentes químicos, a idade do vinho, a qualidade de seu envelhecimento ou de seu grau de conservação. Mas também são usados termos de uso mais comum nas conversas do dia a dia com os quais o degustador poderá descrever as sensações causadas pelo vinho: doce, amargo, ácido, redondo, fino, elegante, forte, frutado, aveludado, fresco, encorpado etc. Essas palavras passam a ter um significado específico quando se fala dos vinhos.

A linguagem do vinho é muitas vezes acusada de ser imprecisa, ambígua, rebuscada ou absurda. É difícil escapar da primeira acusação, porque é realmente difícil colocar em palavras as sensações gustativas e olfativas, mas pode-se evitar o restante se escolhermos as palavras com cuidado, bom gosto e humildade.

71 Características a serem avaliadas

Há milhares de tipos de vinho produzidos no mundo porque as circunstâncias que lhes dão origem são infinitas: variedades de cepa, regiões de procedência, diversidade de solos de cultivo, constante multiplicação e aperfeiçoamento das técnicas de vinificação, novas e tradicionais formas de conservação, ou o tempo e as condições de maturação e envelhecimento. Felizmente, as preferências dos consumidores também são infinitas, porque assim como diziam os romanos *de gustibus et coloribus non est disputandum* (gostos e cores não se discutem). Em se tratando de vinhos, essa máxima é quase um mandamento.

É impossível fornecer um modelo de equilíbrio perfeito para o vinho. Cada variedade de uva e lugar de procedência estabelecem sua própria relação ideal para o equilíbrio. O equilíbrio de um vinho é determinado pela qualidade e estado das uvas no momento da colheita, a localização geográfica do vinhedo de procedência (quando se trata de um vinho varietal) e das condições de elaboração, envelhecimento e envasamento. Como em cada tipo de vinho essas variantes serão diferentes, também será diverso seu ponto de equilíbrio.

Apesar disso, há características que sempre devem estar presentes na avaliação de um vinho.

RELAÇÃO CUSTO-BENEFÍCIO: quase sempre é a primeira qualidade a ser considerada na hora de escolher um vinho.

PREFERÊNCIA PESSOAL: o preço de um vinho parecerá mais ou menos caro conforme o maior ou menor grau de satisfação de quem pagou por ele. Satisfação que muitas vezes é determinada por fatores como oportunidade, fama e hierarquia.

HIERARQUIA DO VINHO: sua avaliação por especialistas, os prêmios recebidos, a moda etc.

EQUILÍBRIO: é a relação adequada entre as sensações visuais, gustativas e olfativas, e os elementos presentes no vinho: álcool, acidez, taninos e outros componentes de sabor.

TIPICIDADE: uma qualidade que nasce da enorme variedade de tipos de vinho e regiões de origem. Os vinhos típicos de uma região são o fruto natural da combinação de uma série de experiências tanto de cultivo quanto de elaboração e envelhecimento, o que os torna especialmente originais e deliciosos.

72 Outras características a levar em consideração

LIMPIDEZ: os vinhos mais límpidos são mais valorizados do que os turvos.
COMPLEXIDADE: prefere-se os vinhos complexos, com múltiplos sabores e aromas, aos mais simples.
FACILIDADE: aprecia-se mais os vinhos que caem bem desde o primeiro gole, que são mais fáceis de beber e de classificar.
FORÇA: é a qualidade dos vinhos com características muito definidas e concretas, e que está se impondo nos últimos anos.
SABOR: embora os grandes vinhos sejam ricos em sabores e aromas, costuma-se valorizar mais o sabor do que o aroma, apesar de alguns produtores procurarem realçar este último.

Além de todas essas características, para apreciar um bom vinho é importante bebê-lo em condições adequadas de temperatura, ambiente, comida e companhia.

73 As anotações da degustação

O degustador deve tomar nota de cada uma das degustações que realizar, com a maior precisão e simplicidade de que for capaz.

Primeiro, o degustador deve anotar as especificações de variedade, procedência, tipo e as características visuais. Depois da primeira degustação, ele deve anotar suas primeiras impressões quanto à presença de álcool, acidez e sabor em geral. Depois da segunda degustação, devem ser anotadas as impressões quanto à doçura, retrogosto e os sabores menos perceptíveis. É importante que o degustador tome nota do prolongamento dos sabores na boca, tanto quanto à duração – persistência –, como quanto à extensão.

O sentido do tato deve permitir que o degustador perceba o que Michael Schuster chama de textura do vinho e outros denominam de "boca". São duas formas de denominar a consistência, isto é, a sensação tátil de corpo que pode ser percebida no vinho.

74 O transporte do vinho

Os vinhos de qualidade sempre são transportados em garrafas de vidro colocadas em caixas especialmente desenhadas para isso. São as mais adequadas para o envase do vinho por sua impermeabilidade, estabilidade química, relação neutra com o conteúdo, possibilidade de esterilização, aspecto e durabilidade.

Hoje em dia, as rolhas utilizadas nas garrafas de vinho podem ser de vários tipos. Podem ser de cortiça natural de uma, duas ou três peças; de aglomerado de cortiça, simples ou com discos; ou de aglomerado técnico — mistura de cortiça e plástico — ou sintético, que podem ser fabricadas por extrusão ou injeção. As rolhas técnicas impedem o crescimento microbiológico e a formação de TCA, são muito limpas e geram pouco pó, mas apresentam menos flexibilidade que as de cortiça natural, o que dificulta sua extração e torna muito difícil colocá-la de volta na garrafa.

Para os vinhos de mesa mais em conta, costuma-se empregar caixas *tetra pack* que são formadas por seis camadas: plástico, papel, plástico adesivo, alumínio, plástico adesivo e plástico selado.

Outros sistemas empregados para o transporte do vinho são as bolsas munidas de válvulas para dosagem, que são introduzidas em uma caixa lacrada – *bag in box* –;

vasilhames plásticos – PET; e vasilhames de alumínio ou *tetra glax* – com revestimento vítreo. Entre esses, o *bag in box* é o mais importante. Nele, há duas bolsas: uma interior feita de polietileno e outra exterior, de papelão. Como a bolsa interior é feita de material flexível, diminui de tamanho à medida que esvazia, o que evita que o vinho entre em contato com o ar. A válvula de descarga que complementa esse tipo de envase pode ser de três tipos: torneira giratória, válvula de pressão e torneira convencional, embora esta última esteja caindo em desuso por sua pouca capacidade de interromper o fluxo.

75 Conservação em casa

Quando as condições econômicas permitem, todo amante do bom vinho começa a comprar garrafas de vinho tinto na esperança de envelhecê-lo. Ele sabe que deve deixá-las deitadas, para que a rolha, umedecida pelo vinho, continue em boas condições. Mas não é só isso. Quando tem um número maior de garrafas em seu poder, o amante do vinho se transforma em colecionador e, se não preparar um lugar adequado para sua coleção, o vinho contido em suas garrafas poderá perder suas melhores qualidades, e em vez de melhorar com o passar do tempo, pode ir estragando até tornar-se intragável. Para evitar isso, é preciso saber que o vinho deve ser armazenado em um lugar tranquilo, escuro, sempre fresco – entre 10°C e 17°C – e bastante úmido – entre 60% e 80%.

A adega deve ser formada por nichos de 80 x 30 centímetros, que costumam ser de alvenaria, plástico ou madeira de pino. Pode-se separar um ambiente da casa para esse fim — no porão é melhor, se houver um.

76 *Rótulo e contrarrótulo*

O rótulo de uma garrafa de vinho, seu contrarrótulo, o colarinho e a cápsula constituem sua carteira de identidade ao mesmo tempo que enfeitam e funcionam como propaganda. O rótulo é o meio de comunicação entre o produtor e o consumidor. Por meio dele, o produtor passa uma série de informações que são do interesse de quem vai comprar ou escolher a garrafa para uma determinada ocasião ou refeição. Se o consumidor desconhece os códigos usados na redação, perde algumas dessas informações ou, no pior dos casos, as interpreta de forma errada.

Desde maio de 1988, a União Europeia estabeleceu que os vinhos de qualidade são obrigados a apresentar em seu rótulo, no mínimo, os seguintes dados: produtor, número de registro do produtor, região de procedência do vinho — se for o caso, a denominação de origem logo abaixo —, graduação alcoólica em porcentagem e volume.

77 *Rótulos espanhóis*

De acordo com a regulamentação da União Europeia sobre denominação, apresentação e proteção de determinados produtos vitivinícolas, a norma espanhola determina que o rótulo dos vinhos espanhóis devem indicar: nome de venda do produto, volume nominal, graduação alcoólica volumétrica adquirida, número do lote e presença de sulfitos.

Além disso, os vinhos de mesa com indicação geográfica e os de qualidade produzidos em regiões determinadas – CVPRD, Vino de Calidad Producido en una Región Determinada – devem incluir: o nome ou o número do registro do engarrafador, do distribuidor ou do importador. A safra pode ser indicada no

Quando o vinho estiver amparado por uma denominação de origem, essa menção deve figurar imediatamente abaixo do nome do vinho ou da região determinada, e não pode ser escrita com uma letra maior.

rótulo. Mas para que os vinhos de mesa com indicação geográfica possam incluir esse dado, pelo menos 85% da uva deve ter sido colhida no ano indicado. Esses vinhos podem incluir o nome das variedades de uva empregadas. Os vinhos elaborados com aparas de carvalho não podem utilizar a denominação "envelhecido em barril de carvalho" nem outras similares.

Os vinhos licorosos, frisantes e frisantes gaseificados devem indicar igualmente: o nome do engarrafador ou razão social, o município e o estado membro. Nos vinhos frisantes, o nome do engarrafador pode ser substituído pelo do produtor. Se o vinho está em vasilhames com mais de 60 litros, o nome do distribuidor deve constar do rótulo. No caso dos vinhos frisantes e dos espumantes, quando gaseificados, devem indicar que foram "obtidos pela adição de gás carbônico".

78 Rótulos franceses

Em um rótulo de vinho francês pode-se ler até dez informações diferentes:

- Engarrafado em... (*mis en bouteille au château... dans nos caves.*)
- A marca do vinho, que costuma coincidir com o nome da propriedade.
- Safra.
- Região de procedência.
- Denominação segundo sua categoria (AOC, AO-VDQS, etc.).
- Classificação do vinho (Premier Grand Cru Classé, deuxième Gran Cru... Cenquième Cru).
- Dados sobre o produtor e o proprietário.
- Conteúdo em centilitros.
- Graduação alcoólica, em porcentagem.
- País de origem (France).

Os vinhos AOC, de maior categoria nessa classificação, oferecem cinco garantias: área de produção, variedades de uvas empregadas, produção por hectare, graduação alcoólica mínima e método de vinificação.

A França comercializa quatro categorias de vinho: AOC (Appelation d'Origine Controlée), AO-VDQS (Appelations d'Origine – Vins de Qualité Superieur), VdP (Vin de Pays ou vinho regional) e Vin de table (vinho de mesa).

79 Rótulos italianos

Nos rótulos de vinhos italianos costuma-se encontrar algumas das seguintes informações:

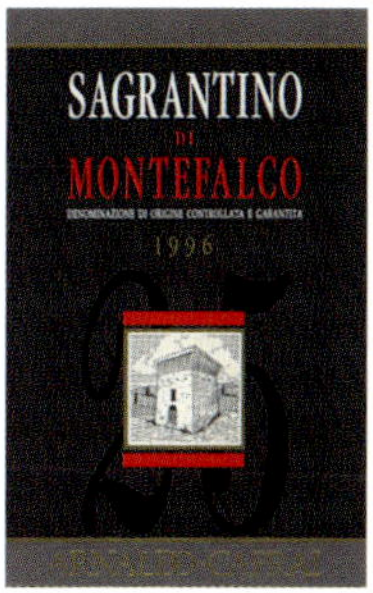

AMARO: ligeiramente amargo.

BIANCO: branco.

CHIARETTO: clarete.

CLASSICO: nascido em uma denominação de origem.

FRIZZANTE: frisante.

NERO: tinto muito fechado.

PASSITO: feito com uvas colocadas para secar.

RECIOTO: muito concentrado e elaborado com uvas muito maduras.

RISERVA: envelhecido em barril ou garrafa sob controle de uma DO.

ROSATO: rosado.

ROSSO: tinto.

SPUMANTE: espumante.

SUPERIORE: com elevada graduação alcoólica.

VIN SANTO: muito envelhecido e doce.

VINO LIQUOROSO: doce e com muito álcool.

Os vinhos italianos podem ser: DOCG (Denominazione di Origene Controllata e Garantita), DOC (Denominazione di Origene Controlatta), IGT (Indicazione Geografica Tipica) e VDT (Vino da Tavola). Também é comum encontrar em alguns rótulos siglas como DOP (Denominazione d'Origine Protetta), IGP (Indicazione Geografica Protetta) ou STG (Specialitá Tradizionale Garantita).

80 *Rótulos norte-americanos*

Em outubro de 2000, em Sonoma, na Califórnia, os produtores de vinho norte-americanos firmaram uma declaração de princípios sobre os requisitos básicos dos rótulos de um vinho. Ficou decidido que:

Toda a informação dos rótulos deve ser clara, precisa, verídica e não enganosa. A Informação Universal Obrigatória – designação do produtor, volume, porcentagem de álcool e país de origem – deve aparecer em um único campo visual. Qualquer outra informação do rótulo pode aparecer no mesmo campo visual que a Informação Universal Obrigatória ou em outra parte do vasilhame. Sempre que a Informação Universal Obrigatória aparecer em um só campo visual, será permitida a repetição completa ou parcial da mesma em qualquer outro campo visual.

Toda a informação obrigatória será legível e facilmente perceptível ao consumidor. A porcentagem de álcool pode ser expressa como % de álcool por volume, % alc/vol ou qualquer outra abreviação com o mesmo significado. O volume do vasilhame pode ser expresso em centilitros (cl), mililitros (ml) ou litros (l).

Sempre que os requisitos anteriores forem cumpridos, os produtores de vinho devem ter a liberdade de apresentar ao consumidor uma informação descritiva precisa além da obrigatória, rotular seus produtos como desejarem, sujeitos às leis aplicáveis às indicações geográficas e propriedade intelectual, e a capacidade de verificar qualquer informação.

Nos rótulos de vinhos protegidos por uma denominação de origem devem figurar o nome da variedade da uva predominante — nos varietais deve ser pelo menos 75% —, a região de origem e a vinícola. Os rótulos dos vinhos comercializados dentro dos Estados Unidos devem trazer observações sobre os perigos do álcool e o nome dos aditivos que podem conter.

81 *Rótulos alemães*

Na Alemanha, se dá pouco valor à vinha que dá origem ao mosto, mas muito à sua graduação alcoólica, maturação das uvas, quantidade de açúcar e origem. É obrigatório determinar a região de origem, *Anbaugebiet*. O município de origem deve figurar no rótulo caso se indique um lugar *Einzallage*, ou uma área vinícola, *Grosslage*.

Normalmente, indica-se a variedade de uva, assim como sua hierarquia qualitativa: Kabinet, Spatlese, Auslese etc. As letras AP seguidas de um número são a referência da amostra submetida a um exame oficial.

As categorias de vinhos alemães são: Deutscher Tafelwein (vinho de mesa), Deutscher Landwein (vinho da terra); Qualitätswein bestimmer Anbaugebiete (QbA]) e Qualitätswein mit Prädikat (QmP), que são os vinhos de qualidade superior. Há diferentes Prädikat de acordo com a quantidade de açúcar do mosto, em ordem crescente: Kabinett, Spätlese, Auslese, Beerenauslese, Trockenbeerenauslese e Eiswein, o maravilhoso "vinho do gelo".

A quantidade de açúcar é determinada: *trocken*, seco, inferior a 9 gr/l; *halbtrocken*, meio-seco, inferior a 18 g/l. O rótulo também pode dizer se o vinho é *sekt*, espumante, ou *perlwein*, frisante.

82 *Rótulos portugueses*

Assim como no resto da União Europeia, Portugal ajusta suas normas às da Comunidade Europeia. Para tanto, classificou seus vinhos em quatro categorias: Denominação de Origem Controla-

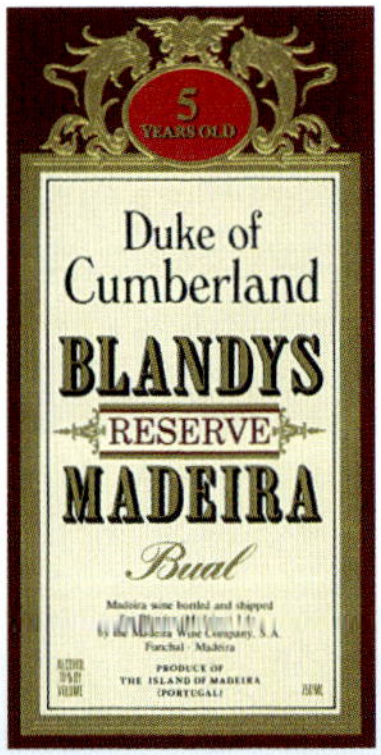

Nos rótulos dos vinhos portugueses podemos encontrar as seguintes DOC: Bairrada, Borba, Carcavelos, Colares, Dão, Lagos, Madeira, Portalegre, Portimão, Porto Douro, Redondo, Reguengos, Setúbal, Tavira e os famosos "vinhos verdes".

da (DOC), equivalente à AOC francesa e que substituiu a Região Demarcada (RD), que existia até 1990. Indicação de Proveniência Regulamentada (IPR), que denomina o Vinho de Qualidade Produzido em Região Determinada (VQPRD), de qualidade ligeiramente inferior. Vinho Regional (VR) são vinhos do país em cujas etiquetas costumam figurar a classe da uva e da colheita. Vinho de mesa: o vinho de consumo diário.

83 *O vinho e a gastronomia*

A velha regra "vinho tinto para as carnes e branco para os peixes" é muito simplista. Para conseguir um bom casamento, isto é, a correta harmonização entre vinho e comida, é preciso levar em conta, além do principal ingrediente do prato, questões como variedade de uva, região de origem, estilo do vinho, sistema de vinificação, grau de doçura, acidez, aroma, o preparo do prato, seus temperos, os molhos... e um fator inevitavelmente pessoal: o gosto. Os gostos, assim como as cozinhas, mudam com o tempo, e gostos e cores não se discutem, já diziam os romanos há mais de 2 mil anos.

Consegue-se harmonizar vinhos e alimentos por meio do equilíbrio de sabores, texturas e cores. O cordeiro assado casa muito bem com um Tempranillo, assim como um bom fruto do mar cai bem com um Albariño. Um bom prato precisa de um bom vinho, mas não pode ser qualquer vinho, precisa ser o vinho adequado. E fica bem explicar porque escolheu-se um vinho e não outro.

Toda boa harmonização se baseia nos seguintes elementos: textura, na escolha de vinhos tintos; e sabor e acidez, no caso dos vinhos brancos. Uma carne vermelha, pesada, forte e gordurosa pedirá um vinho áspero, adstringente, tânico, um verdadeiro tinto. Uma lagosta parece exigir um branco seco, ácido, fresco, elegante, amplo e saboroso. Quanto maior o nível de adstringência e robustez de um vinho, mais fortes e saborosos devem ser os pratos que o acompanham.

Para conseguir uma boa harmonização entre o vinho e os alimentos, é preciso sempre levar em consideração as estações do ano. Meia dúzia de ostras acompanhadas de um bom vinho branco é o casamento perfeito para um clima frio, mas torna-se insuportável no verão, já que ambos parecem ácidos, salgados e frios em excesso.

84 *Vinhos de meditação, aperitivos e de entrada*

Os italianos classificam alguns de seus vinhos como "de meditação". Vinhos como o Nasco, o Racioto, o Sangrantino di Montefalco *passito* e o Jerez são criados para serem sorvidos gole a gole, devagar, meditando.

Vinho de aperitivo é aquele que desperta o apetite. Seus três exemplos clássicos são o Jerez, o Madeira e o Vermute. Entre os Madeira, os melhores para serem tomados como aperitivos são

Um champagne ou um cava são vinhos de entrada ideais. Um Sauvignon Blanc, ou outro branco de colheita tardia ou ainda um Sauternes, cai bem para acompanhar um foie gras. Para as entradas à base de cogumelos, pode-se escolher um Pinot Noir ou outro tinto similar.

os Secial, relativamente leves e secos. A Itália e a França elaboram três classes de vermute: branco seco, branco doce e tinto doce. O branco seco, com gim, dá origem ao coquetel mais conhecido do mundo: o Dry Martíni.

85 *Arroz*

O arroz primavera e a paella são formas muito conhecidas de cozimento do arroz. Tradicionalmente, o arroz primavera é acompanhado pelo vinho de arroz, que no ocidente conhecemos por sakê e que os chineses chamam de *nihonshu*. Mas em alguns setores da sociedade chinesa está crescendo o costume de acompanhar o arroz primavera com o Jerez.

As paellas casam bem com muitos tipos de vinho: rosados, brancos secos de Shiraz ou Malbec, tintos da denominação de origem Utiel-Requena e muitos outros.

Na hora de escolher um vinho para acompanhar a paella valenciana, há muitas possibilidades. Entre elas, destacam-se os rosados e vinhos tintos e brancos de frescor e potência intermediários. Os tintos envelhecidos em barris de carvalho também casam muito bem, especialmente com as paellas que trazem carne entre os seus ingredientes. Os brancos jovens e frutados caem bem com as paellas feitas à base de verduras ou peixes.

Para os pratos à base de arroz em geral, são aconselháveis vinhos das cepas Pinot Noir, Boyarda, Sangiovese e Merlot, embora alguns prefiram o Chardonnay jovem e a Viognier. Para o arroz a milanesa, são indicados os rosados frescos, leves e frutados, como os de Penedés, Ribera del Duero, Somontano, la Rioja, Navarra ou Cigales.

86 Regras gerais

• Nenhum vinho deve se sobrepor ao sabor da comida, nem a comida deve apagar as nuanças do vinho.

• O vinho deve realçar o sabor do prato e ajustar-se a suas características sem que este oculte suas virtudes.

• Beber vinhos brancos antes dos tintos.

• Beber vinhos secos antes dos doces.

• Beber vinhos jovens antes dos mais velhos.

• Equilibrar o corpo, a riqueza, a intensidade e outras características do vinho e da comida.

• Levar em consideração a textura dos alimentos que possam dificultar a percepção do vinho.

• Levar em conta a acidez e a doçura do prato e do vinho.

• Acompanhar os pratos frios com vinhos leves.

• Acompanhar as saladas com vinhos com certa doçura, tintos ou brancos.

• Acompanhar os pratos doces com vinhos doces.

• Deve-se prestar muita atenção aos sabores dos pratos com molho, como massas e frangos, na hora de escolher o vinho que os acompanha.

• Embora tradicionalmente os queijos sejam acompanhados por vinhos tintos, os brancos também caem muito bem, e dentre os brancos, prefira os doces aos secos.

Para pratos de culturas coloniais, como a de Cuba ou do México, pode-se levar em consideração, como norma básica, que para os peixes combinados com frutas, caem bem os brancos jovens de Chardonnay, preferivelmente chilenos, os frutados do sul da França, os vinhos de Penédes e os feitos com Pinot Grigio e Sauvignon Blanc na região de Friuli, na Itália. Para as sopas e ensopados em geral caem bem os rosados de Navarra, o Cabernet Sauvignon e todos os tintos de corpo médio. Para os guisados e os assados de carnes no espeto, aconselha-se tintos de La Rioja, Penedes envelhecidos em carvalho, Borgonha jovens, o italiano Sangiovesse ou o Merlot americano. A comida picante étnica, muito popular atualmente, é bem acompanhada por vinhos aromáticos e um pouco doces, como certos rosados.

87 Sopas, cremes, verduras e legumes

Os vinhos mais adequados para acompanhar sopas e cremes são os brancos, os rosados e os espumantes. Em geral, os brancos encorpados são os que melhor casam com os cremes, salvo algumas exceções, como os de verduras, que combinam melhor com um tinto envelhecido em barris de carvalho.

Uma sopa creme de queijo vai muito bem com um Chardonnay branco com madeira. Uma sopa oriental de verduras e cogumelos casa perfeitamente com um branco aromático, como o Riesling ou o Gewürztraminer. Uma sopa de carne pode encaixar bem com um branco seco e floral. A sopa creme pode ir bem com um espumante de Pinot Noir ou Chardonnay. O caldo de camarão, frango ou peixe, e a sopa de macarrão caem excepcionalmente bem com um branco frutado e perfumado, como um argentino de Viognier.

Os vinhos mais adequados para acompanhar pratos feitos com legumes são os tintos e os espumantes. Os legumes verdes casam bem com vinhos ligeiramente ácidos e os mais substanciosos, com tintos reserva.

88 *Massas e molhos*

Para escolher um vinho que vai acompanhar um prato de massa, é preciso prestar atenção especial ao molho que o complementa. Um molho leve, como o bechamel ou o carbonara, pedem um vinho branco encorpado e com certa acidez, jovem ou envelhecido em barris de carvalho, embora também admita rosados leves e frescos. O molho a bolonhesa, as lasanhas e os canelones casam bem com tintos de corpo médio, jovens ou com um certo envelhecimento em barris de carvalho.

As massas que levam molhos com hortaliças ou verduras preferem os rosados com boa acidez e certo corpo, ou os tintos leves e suaves. Os pratos de massa com molhos à base de frutos do mar e acompanhados de mexilhões casam bem com brancos jovens, aromáticos e frutados, como de Macabeo, Sauvignon Blanc ou Verdejo, com brancos envelhecidos em barris de carvalho ou com espumantes.

O espaguete ao vongole cai especialmente bem com os vinhos tintos italianos Soave, Orvieto ou Trebbiano. Um branco Chardonnay, Xarel-lo ou Grancha acompanha bem os fetuccini com molhos cremosos de manteiga, creme de leite e parmesão.

89 *Os vinhos espanhóis*

ABONA: brancos, encorpados e muito saborosos. Ideais para acompanhar peixes, sopas, verduras e queijos.

ALELLA: brancos, secos e meio-secos, frutados e aromáticos. Bons para acompanhar magret de pato, frutos do mar, peixes condimentados e consomês.

ALICANTE: vinhos robustos, de 13% a 16% de álcool, que com o passar do tempo ficam com uma cor rubi-telha. Seu bouquet característico e suavidade no paladar são muito adequados para carnes vermelhas e queijos curados.

AMPURDÁN-COSTA BRAVA: rosados frescos, não são indicados para acompanhar carnes vermelhas.

BIERZO: tinto, com típica cor de cereja; e brancos amarelo-palha, de bom corpo, muito perfumados com aroma de maçã e boa conservação. Os tintos caem muito bem com cordeiro assado e queijos pouco curados ou meia cura. Os brancos acompanham bem todo tipo de peixe e embutidos.

BINISSALEM: são vinhos brancos mais elaborados, tintos, rosados e espumantes que caem bem com patês, peixes de carne escura, queijos fortes, ovos e todo tipo de carne.

BIZKAIKO-TXAKOLINA: os chacolí brancos são ideais para acompanhar pratos de frutos do mar ou peixes, carnes brancas, pratos à base de arroz, massas, sopas e queijos frescos.

BULLAS: seus rosados caem bem com os peixes de carne escura, paellas de carne, massas, ensopados de verduras, porco, frango e embutidos.

CALATAYUD: seus tintos, rosados e brancos são vinhos de baixa graduação alcoólica. Frutados e com bom equilíbrio entre acidez e corpo, são perfeitos para acompanhar pratos à base de arroz, carne de porco ou frango assado, embutidos e queijos meia cura.

CAMPO DE BORJA: vale destacar seus tintos, o vinho licoroso Moscatel Ainzón, e o branco, fermentado em barrica. São vinhos sérios, redondos e que exigem uma harmonização a altura tanto com carnes como com peixes e queijos.

CARIÑENA: vinhos tintos, alegres, frutados. Os jovens são complexos e os reserva, elegantes. Os tintos, muito alcóolicos, vão bem com carne de caça e com queijos.

CATALUNYA: os brancos têm 10% de álcool; os rosados, 10,5%; os tintos, 11,5%; os frisantes, 10,5%; e os licorosos, 15%. São vinhos suaves que harmonizam bem com todo tipo de alimento.

CAVA: brut nature, extra brut, brut, extrasseco, seco, meio seco e doce. São especialmente adequados para entradas, consomês, aves assadas e sobremesas.

CIGALES: um clarete magnífico, fresco, leve e agradavelmente aromático. Também produz tintos. O clarete acompanha bem todo tipo de comida leve.

CONCA DE BARBERÁ: vinhos brancos, tintos, rosados e espumantes de moderado teor alcoólico e boa acidez. Tanto os brancos quanto os rosados e os espumantes harmonizam bem com pratos à base de arroz, entradas e sobremesas.

CONDADO DE HUELVA: vinhos brancos, jovens, generosos e aromáticos. Ideais para serem bebidos sozinhos, junto com os aperitivos ou acompanhando frutos do mar.

COSTERS DEL SEGRE: brancos, tintos, rosados e espumantes. Todos caem bem com pratos à base de arroz e aves; e os tintos envelhecidos em carvalho, com as carnes e queijos.

GETARIAKO-TXAKOLINA: chacolís brancos, tintos e rosados. São bons para acompanhar comidas típicas, principalmente à base de frutos do mar.

JEREZ: vinhos generosos, fino, manzanilla de Sanlúcar, aromáticos, amontillados, palo cortado e doces; Pedro Ximénez e moscatel, ideais para acompanhar aperitivos.

JUMILLA: vinhos tintos, às vezes com maceração carbônica, bons para ser bebidos jovens. O tinto *doble* pasta é muito conhecido. Os vinhos azedos, secos ou doces, de Monastrell são muito agradáveis. São perfeitos para acompanhar assados e queijos pouco curados.

LA MANCHA: os tintos são bons para acompanhar queijos meia cura ou muito curados, assados de todos os tipos de carne e pratos regionais. Os brancos são muito ecléticos e podem acompanhar uma grande variedade de comidas.

MADRID: vinhos tintos, rosados e brancos com as características próprias de cada região produtora. Os tintos jovens são ideais para acompanhar todo tipo de comida.

MÁLAGA-SIERRAS DE MÁLAGA: destaque para o seu vinho de sobremesa Málaga Dulce.

MÉNTRIDA: vinhos tintos de grande teor alcoólico, ricos em taninos, frutados e saborosos, além dos brancos e rosados. Os tintos acompanham bem as carnes vermelhas, o churrasco, as carnes de caça e os queijos.

MONDÉJAR: vinhos tintos, tanto jovens quanto envelhecidos em barris de carvalho, de coloração intensa, sabor frutado e agradável adstringência. Acompanham bem carnes e pratos à base de arroz.

MONTERREI: brancos de cor amarelo-palha, frescos e muito agradáveis para acompanhar frutos do mar, peixes e embutidos.

MONTILLA-MORILES: vinhos brancos e jovens, finos e aromáticos. Bons para serem tomados com os aperitivos ou para acompanhar peixes. Além dos Pedro Ximénez doces.

MURCIA: o tinto de Monastrell acompanha bem as carnes vermelhas. Os brancos de Macabeo e Airén, os peixes. Os Pedro Ximénez e Malvasía, as sobremesas.

PENEDÈS: brancos leves que casam bem com pratos à base de arroz, peixes, massas e frutos do mar; e tintos suaves que podem acompanhar carnes brancas e queijos com pouca cura.

PLÀ DE BAGÉS: brancos, frescos aromáticos para acompanhar peixes, patês, foie gras e aves.

PRIORATO: tintos de cor grená, robustos de sabor denso e aroma muito intenso, ótimos para acompanhar carnes vermelhas e pratos com molhos.

RÍAS BAIXAS: excelentes brancos de Albariño para acompanhar uma boa mariscada.

RIBEIRA SACRA: os tintos de Mencía, vinhos jovens, de cor púrpura ou grená, de perfume particular, são perfeitos para legumes, verduras e carnes.

RIBEIRO: brancos de cor palha, elegantes, frescos, leves e aromáticos, são magníficos para mariscos, peixes e queijos de pouca cura. Os tintos são vinhos de cores profundas, vermelho arroxeado muito vivo, acidez bastante perceptível, muito agradáveis ao paladar; casam bem com carnes vermelhas e peixes de carne escura.

RIBERA DEL DOURO: um vinho excepcional de cor grená brilhante; e um excelente rosado, suave, frutado e fresco ao paladar. Maravilhoso para tomar como aperitivo e perfeito para acompanhar um bom assado de vitela.

RIBERA DEL GUADIANA: são vinhos amplos, suaves, agradavelmente quentes, de acidez moderada e aromas muito particulares, adequados para acompanhar comidas leves, embutidos e queijos meia cura.

RIOJA: tintos envelhecidos em barris de carvalho, reserva e gran reserva, perfeitos para serem bebidos sozinhos ou para acompanhar todo tipo de comida. Os brancos jovens, e envelhecidos em carvalho, e os rosados são muito bons para serem tomados sozinhos e vão bem com peixes e carnes brancas.

RUEDA: o Rueda Verdejo é amarelo-palha e tem grande estrutura, assim como o Rueda Sauvignon, branco jovem, muito aromático; o Rueda, fresco, suave e floral; ou o Rueda pálido são muito bons como aperitivo; o Rueda dourado e espumante também é perfeito para sobremesas.

SOMONTANO: tintos francos e elegantes; rosados frescos, frutados e saborosos; e brancos com personalidade. Acompanham bem qualquer tipo de comida.

TACARONTE-ACENTEJO: vinhos brancos, tintos e rosados que acompanham bem qualquer tipo de prato. Os brancos de Malvasía e Moscatel são especiais como aperitivos.

TERRA ALTA: vinhos com elevada graduação alcoólica. São vinhos encorpados que exigem comidas com sabor e suportam bem todas as especiarias.

TORO: tintos, tanto os envelhecidos como os vinhos jovens, são muito encorpados e vão muito bem com as carnes vermelhas, carnes de caça grandes, refogados de carne, molhos complexos e queijos curados.

VALDEORRAS: os brancos de Godelo e Mencía são muito bons para acompanhar frutos do mar e peixes; e os tintos de Garnacha Tintorera, Gran Negro, Merenzao e María Ardoña para as carnes e os peixes de carne escura.

VALDEPEÑAS: os brancos são pouco ácidos, bons para serem bebidos sozinhos; e os tintos têm cores bonitas, e são jovens e aromáticos, perfeitos para todo tipo de comida.

VELENCIA: os vinhos brancos, frescos e frutados, vão muito bem com os pratos à base de arroz, peixes, frutos do mar. Os tintos, de cores intensas e com acidez média, acompanham bem as carnes e queijos curados.

VINOS DE NAVARRA: vinhos magníficos. Os rosados acompanham todo tipo de comida.

YECLA: tinto de cor rubi escura, suave, saboroso, com aroma intenso, grande personalidade e teor alcoólico entre 14% e 16%. Cai bem com todo tipo de carne.

90 *Carnes*

Regra geral: não se deve tomar um vinho sem muito corpo com as carnes, porque o sabor desta o esconderá. Por isso, com carne de porco deve-se tomar tintos leves encorpados, ou rosados, como Syrah ou Malbec; com carne de caça, de plumas ou pelo, tintos leves encorpados; com carnes vermelhas, tintos, e com carne de boi, tintos envelhecidos e encorpados. Para costelas, chuleta ou bife de boi, com guarnições simples, indica-se tintos envelhecidos em barris de carvalho ou reserva; Rioja, Ribera de Duero, Priorato, Somontano, Penedés. Um vinho bem feito, robusto, potente e concentrado. As carnes assadas no fogo ou na brasa, e o cordeiro ao forno, vão bem com tintos de Tempranillo, Garnacha ou Cabernet envelhecido em carvalho por muito tempo. Ou tintos de Malbec, Cabernet Sauvignon e Cabernet Franc.

A carne de cordeiro cai bem com Syrah ou Malbec. A de porco, com Riesling, Merlot ou Pinot Noir. A temperada, com Cabernet Sauvignon, Cabernet-Merlot ou Merlot-Cabernet. E de caça, com Cabernet Sauvignon, Cabernet Franc, Merlot, Syrah, ou cortes com estas cepas.

91 *Aves*

Para acompanhar de maneira adequada os pratos de aves deve-se levar em conta os molhos que os acompanham, mas, no geral, vão bem os tintos jovens e os brancos encorpados, tipo Semillón, Chardonnay ou Viognier.

O frango pode ser acompanhado com diferentes tipos de vinho. Se refogados com tomates, cebolas e ervas aromáticas, cai bem um vinho tinto estruturado e não robusto, como um Tempranillo semicrianza. Com molho de trufas ou cogumelos, é melhor um vinho mais encorpado, talvez até um reserva de Cabernet Sauvignon ou um Merlot. Assados ao forno e temperados com suco de limão e ervas aromáticas caem bem com um branco tipo Chardonnay.

A título de exemplo, frango ao vinho ou magret de pato ao molho de framboesas: reserva Carmener. Frango com ervas finas ou peito de frango ao pesto: reserva Cabernet Sauvignon. Arroz com pato: Escudo rojo. Ají de galinha ou galeto com ervas provençais: Chardonay clássic. Frango à Cordon Bleu com molho bechamel: Sauvignon Blanc. Frango ao açafrão: Sirah-Malbec.

92 *Os vinhos franceses*

ALOXE-CORTON: de aroma frutado, cai bem com carnes e queijos reblochon.

BANDOL: vinho tinto forte, branco vigoroso e muito encorpado, e magníficos rosados que acompanham bem pratos de carnes vermelhas e queijos.

BANYULS: vinho doce natural muito apreciado pelos franceses, mas de menor qualidade que seus equivalentes ibéricos. São quase únicos para acompanhar chocolates.

BEAUJOLAIS: um tinto leve e frutado, de cor violeta, que deve ser consumido jovem e sozinho, como aperitivo ou com pratos leves.

BELLET: vinhos de pouca qualidade. Os brancos acompanham bem os frutos do mar. Os tintos e os rosados, as carnes e os queijos.

BOURGOGNE ALIGOTÉ: vinho jovem, perfeito para aperitivos, frutos do mar ou queijos.

BOURGOGNE AOC: o tinto da Borgonha deve ser consumido entre o segundo e o terceiro ano, e é perfeito para acompanhar carnes vermelhas e queijos. Os brancos devem ser consumidos entre o primeiro e o quinto ano, e vão bem com carnes brancas e peixes.

Burdeos: são vinhos de muita qualidade. Os tintos acompanham bem carnes vermelhas, patês e queijos. Os brancos são indicados para queijos Boursin, Roquefort, Tomme de Savoie e Valencay.

Chablis: já foi o exemplo perfeito de vinho verde e seco, mas atualmente só mantém a secura e o sabor frutado. É magnífico para acompanhar salmão defumado, carnes, frutos do mar e queijos.

Chassagne Montrachet: vinho de excelente qualidade. Os tintos vão bem com os assados de caça. Os brancos caem bem com pratos à base de peixes, carnes brancas e queijo.

Clos de Vougeot: vinho tinto de Pinot Noir que acompanha bem churrasco de carnes vermelhas e queijos Epoisses.

Corbières: são vinhos tintos de qualidade e bom preço que devem ser bebidos jovens. Os tintos acompanham bem carnes vermelhas assadas, pratos à base de carne de caça e queijos.

Corse Aoc: os melhores vinhos corsos vêm das zonas costeiras. Muito bons como aperitivos ou para acompanhar pratos leves.

Costas del Ródano: tintos, fortes ou frutados, que caem muito bem com carnes vermelhas ou brancas grelhadas. Os brancos, secos, caem bem com peixes assados.

Costières de Nimes: os tintos, caem bem com frango, carnes vermelhas assadas e queijos Laguiole e Pélardon. Os rosados secos casam com molhos, saladas ou queijo Picodon.

Côte de Beaune: vinhos tintos reconhecidos por seu aroma de morango, seu bouquet quente e seu corpo pequeno. São muito bons para acompanhar escargots da Borgonha e queijos.

Côte de Nuits-Villages: vinhos tintos, robustos, elegantes e de perfume intenso que acompanham muito bem as carnes e os queijos Brie e Brillant-Savarin.

Coteaux du Languedoc: tanto os tintos como os rosados podem ser bebidos com carnes vermelhas, faisão assado ou acompanhando queijos.

Côtes du Roussillon: os tintos vão bem com carnes vermelhas grelhadas, caça de plumas e queijos chedar, Comté e Epoisses. Os rosados, com tortilhas e queijos Chaource.

Cremant D'Alsace: vinhos espumantes, com aromas de frutas vermelhas e damasco. Magnífico vinho de sobremesa, que acompanha o queijo Sangres perfeitamente.

Gevrey Chambertin: muito adequados para acompanhar carnes vermelhas, pato e queijos.

GEWÜRZTRAMINER: é um vinho branco, encorpado e muito aromático. Vai bem com chucrute, pratos com curry, pratos da cozinha chinesa e mexicana, e queijos.

GRAVES: os vinhos tintos são de cor grená, atraentes e robustos, e são muito adequados para acompanhar pratos de carne e queijos. Os brancos casam bem com frutos do mar e queijos.

MÉDOC E HAUT-MÉDOC: os vinhos são tintos, delicados e de cor média, suavemente tânicos na juventude e com bom envelhecimento. Vão muito bem com carnes e queijos. Os Haut-Médoc são bons para acompanhar novilho, aves, lagostim e queijos.

MEURSAULT: um dos melhores brancos da França, dourado, verde, seco e com aroma floral marcado que casa muito bem com peixes e queijos.

PINOT BLANC: vinho branco, seco e suave, com aroma de maçã e ligeiramente cremoso. Vai bem com pescados, aves e queijos.

PINOT GRIS: vinhos brancos, secos, fortes, com um certo sabor de mel, melão e damasco, de cor dourada e baixa acidez. Caem bem com carne de novilho e alguns queijos.

PINOT NOIR: está em um ponto intermediário entre os rosados e os tintos, já que raramente consegue cor e consistência suficientes. Devem ser bebidos jovens e acompanhados de carnes brancas, assados, peixes de carne escura ou queijos meia cura.

POMEROL: são os vinhos mais robustos de Bordeaux. Acompanham bem carne de caça, novilho, faisão assado e queijos.

POMMARD: cerca de 1,8 milhão de garrafas todos os anos são obtidas a partir da Pinot Noir. Caem muito bem com pratos de carne vermelha, caça ou queijo.

PROVENZA: o vinho branco vai muito bem com todos os frutos do mar; o rosado é muito adequado para ser tomado como aperitivo e o tinto é perfeito para todas as carnes e os peixes de carne escura.

RIESLING: vinho branco muito seco, bem equilibrado, limpo e delicioso, talvez seja o mais fino dos vinhos alsacianos. É muito bom para peixes, frutos do mar, aves, carnes frias e queijos.

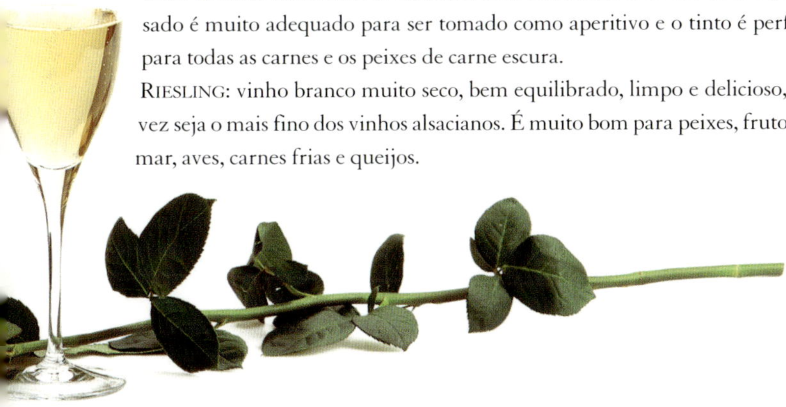

SAINT CHINIAN: o vinho tinto acompanha muito bem carnes frias, coelho com mostarda, pato assado e queijos.

SAINT-EMILION: são os vinhos mais robustos da região de Bordeaux, generosos, com cores fortes e com uma maturação mais viva. Vão muito bem com cogumelos, salmão, caça de pluma, chucrute, porco e queijos.

SAUTERNES: um dos melhores vinhos doces do mundo. Acompanha excepcionalmente bem o foie gras, os aspargos, o lagostim, as trutas e os queijos azuis.

SYLVANER: seus melhores vinhos são jovens, brancos, secos e refrescantes, com sabor de mel, acidez de maçãs verdes. São perfeitos como aperitivo ou acompanhando peixes, frutos do mar, chucrute, carne de porco e saladas.

VOLNAY: vinho tinto bem estruturado e elegante que acompanha muito bem pratos de caça e queijos Citeaux e Epoisses.

VOSNE ROMANÉE: um dos vinhos mais famosos da França, Romanée Conti, é perfeito para tomar com carnes vermelhas e queijos.

93 *Peixes e frutos do mar*

Os pratos à base de peixe nem sempre pedem vinho branco; os peixes mais encorpados caem melhor com tintos jovens; os menos encorpados, com um rosado; o restante, com brancos. Os peixes fritos, com Palomino. Polvos, lulas, mexilhões e frutos do mar, com Albariño, Verdejo e Godello. Peixes refogados em panela de barro, com Macabeo, Parrellada e Xarel-lo. Merluza recheada com camarões e molho cremoso, robalo e pargo, com um branco fermentado em barrica: Sauvignon Blanc ou Chardonnay. Salmão com um bom tinto. Bonito acebolado com pimentão e tomate, com um rosado. O sushi, com Sauvignon Blanc, Chardonnay ou Merlot.

Muitos são os vinhos que podem acompanhar os frutos do mar: Jerez ou espumante para o polvo e os lagostins; Chardonnay para os camarões, churrasco de lula ou lagosta; Sauvignon Blanc e Rueda envelhecido para os caranguejos e as saladas de frutos do mar.

94 *Queijos e sobremesas*

Com queijo manchego, Jerez, Ribera del Duero, Chardonna. Sauternes com Roquefort. Penedés com queijos secos. Espumantes com queijos de alta e média intensidades. Graves com Gruyere e Brie. Para tábuas de queijos, tinto jovem de La Rioja, Ribera de Duero ou Penedés. Queijos frescos, vinhos brancos leves e secos, como Rueda ou Penedès. Queijos de pasta cremosa, como o Torta del Casar, tintos encorpados, como La Rioja, Navarra e Cariñena. Queijos de pasta azul, como Veldeón, Cabrales, Gamonedo ou La Peral, tintos encorpados e fortes: La Rioja, Ribera del Duero, Priorato, Jumilla, Cariñena. Queijos de ovelha, tintos encorpados como La Rioja, Ribera de Duero e Bierzo.

Os vinhos generosos do tipo Porto ou os vinhos doces como Sauternes, Pedro Ximénez ou Málaga costumam cair bem com todas as sobremesas. No geral, os vinhos brancos harmonizam melhor com os queijos do que os tintos. Os rosados vão melhor com os queijos de pasta mole ou frescos. Os envelhecidos em carvalho, com queijos defumados e aromáticos. O espumante, com queijos de casca mofada ou pasta mole. Os doces, com queijos azuis.

95 *Os vinhos italianos*

ALBANA DI ROMAGNA: um vinho de cor dourada, elaborado a partir de uma variedade Albana. Vai bem com peixes, crustáceos, sopas ou pães doces.

ASTI SPUMANTE: um vinho branco doce, elaborado como um espumante. É excelente para as sobremesas doces e deve ser servido entre 6ºC e 7ºC.

BARBARESCO: mais leve que o Barolo e com menor graduação alcoólica. Cai muito bem com pratos de caça, carnes na brasa e queijos de temporada ou picantes.

BARDOLINO SUPERIORE: de personalidade vibrante e frutada, tem um amargor amendoado quando jovem. É de mesa e cai bem com cozidos de legumes, massas, frituras, aves de curral, escargot e queijos muito velhos ou de sabor forte.

BAROLO: é um vinho esquisito, de sabor tânico acentuado, muito duro e de enorme personalidade. Excelente para assados, carnes vermelhas, caça e massas com queijo.

Brunello di Montalcino: é um vinho tinto leve, doce, aromático, com forte aroma de rosas, de sabor suave, frisante, perfeito para carnes.

Carmignano: é um vinho de cor rubi intensa, vermelho-escura quando envelhece, é elegante e com muita personalidade e melhora notavelmente com o envelhecimento em barrica. Vai bem com assados de carnes vermelhas, caça e carnes grelhadas.

Cerasuolo di Vittoria: tinto com sabor e aroma de cereja. Acompanha bem os assados de carne branca ou vermelha, novilho na brasa, veado e queijos picantes.

Chianti: costuma ter uma cor vermelho-púrpura, deve ser bebido jovem e deixa um certo retrogosto amargo. É um vinho apto para todo tipo de comida.

Chianti Classico: é um vinho com grande teor alcoólico. Apto para qualquer tipo de comida, mas vai especialmente bem com os assados.

Dela Apulia: vinhos de qualidade como o Primitivo de Manduria, ou o Salice Salentino, de uva Negroamaro, que vão muito bem com carne.

De La Basilicata: o melhor vinho da região, o Aglianico del Vulture, de cor vermelho rubi, aromas que melhoram com o envelhecimento e agradavelmente tânico. Perfeito para carnes. Outro vinho típico, de menor qualidade, é o Terre dell'Alta Val d'Agri, que vai bem com molhos de carne ou cogumelos e queijos.

Dolchetto di Dogliani Superiore: é um vinho tinto de cor rubi com aromas de amora e violeta que é elaborado 100% com uvas Dolcetto. É muito versátil e pode acompanhar todo tipo de comida.

Fiano di Avellino: é um vinho branco de cor amarelo-palha, mais ou menos intenso, com aromas e sabores fortes. Bom para tomar como aperitivo ou acompanhar pratos à base de peixes.

Fraciacorta: elaborados a partir de Pinot Bianco, Chardonnay e Pinot Nero. O branco é muito bom para aperitivos, primeiros pratos delicados e pratos à base de peixes ou verduras. O rosado, para peixes com sabor forte e carnes brancas. O Satin, equivalente ao francês Cremant, é um espumante que cai bem com saladas de peixe, carpaccio de peixe e frutos do mar.

Gattinara: vinho tinto, grená alaranjado, seco, com fundo amargo e aroma de violetas quando envelhece. Casa bem com carnes e queijos curados.

Gavi ou Cortese di Gavi: são produzidos três tipos: tranquilo, frisante e espumante e é um vinho que deve ser bebido jovem. É muito bom como aperitivo ou para acompanhar peixes.

Ghemme: vinho rubi com reflexos grená, e um aroma sutil muito agradável, saboroso, seco, com um agradável fundo amargo, cai muito bem com as carnes.

Greco di Tufo: é um vinho de cor amarelo-palha, mais ou menos intenso, e sabor fresco e seco. O espumante, perfeito como aperitivo e pratos frios.

Montepulciano D'Abruzzo: trata-se do melhor vinho da Umbria. Seu vermelho rubi adquire reflexos violáceos quando envelhece. É indicado especialmente para pratos cozidos, assados ou queijos.

Nobile di Montepulciano: um vinho que precisa envelhecer pelo menos dois anos, e mais um ano em madeira. Muito bom para acompanhar assados de carnes brancas.

Ramandolo: é um vinho, amarelo dourado e doce, ideal para ser desfrutado sozinho.

Recioto di Soave: é um vinho amarelo dourado de aroma intenso e frutado e sabor doce de baunilha. O espumante, recomendado para doces e queijos.

Roero: vinho tinto um pouco tânico, apto para todos os pratos. São eleboradas variedades brancas e espumantes de cor palha e adequadas para peixes, sopas e sobremesas.

Rosso Conera Riserva: é o melhor vinho tinto de Las Marcas com sabor frutado um pouco condimentado, com uma agradável ponta de acidez. Vai muito bem com todo tipo de massa, carne e queijo de ovelha.

Sforzato Della Valtellina: é um vinho tinto, vermelho muito vivo e que se torna grená ao envelhecer. Casa muito bem com carnes refogadas.

Soave Superiore: elaborado a partir de uvas Garganega é um vinho amarelo-palha, floral e delicadamente amargo que cai bem com entradas, peixes e carnes brancas.

Taurasi: tem uma cor vermelha rubi intensa que tende ao grená com o envelhecimento, aromas agradáveis, sutis e muito característicos, de sabor seco, equilibrado e persistente. Indicado para pratos de caça, carne e queijos fortes.

TORGIANO ROSSO RISERVA: é um vinho vermelho rubi e corpo médio que é considerado vinho de mesa.

VALTELLINA SUPERIORE: é um vinho de muito boa qualidade obtido a partir de cepas Nebbiolo – chamada de Chiavennasca na região. Embora acompanhe muito bem as carnes vermelhas e os queijos, seu casamento perfeito é com as massas.

VERMENTINO DI GALLURA: é um vinho branco elaborado a partir de uvas da variedade Vermentino de cor amarelo-palha com leves reflexos esverdeados, aroma muito sutil e sabor alcoólico que deixam um gosto ligeiramente amargo. Cai muito bem com sopas, creme de frango, peixe, frutos do mar e massa com frutos do mar.

VERNACCIA DI SERRAPETRONA: é um espumante tinto, seco e doce. O seco é recomendado para os assados de carne; o doce, para sorvetes e doces de confeitaria.

VERNACCIA SAN GIMIGNANO: é um vinho branco suave, de cor dourado-amarelada, há algumas décadas menos intenso, mas mais transparente e refrescante. É indicado para pratos à base de peixes, frituras, ovos e carnes brancas.

96 *Harmonizações difíceis*

ALCACHOFRAS: nenhum vinho cai bem com as frescas; as enlatadas vão bem com Jerez.

ALHO BRANCO: moscatel não muito doce, Jerez manzanilla ou fortificado.

ASPARGOS: podem ser acompanhados por um fino de Jerez ou um branco de Rueda.

GASPACHO: fino de Jerez, branco de La Seca ou Rueda muito seco.

QUEIJO DE CABRA: tintos com carvalho.

QUEIJO ROQUEFORT: Sauternes.

SALADAS: aconselha-se um Jerez, manzanilla ou amontillado, ou um branco seco de La Seca.

Costuma-se dizer que chocolate e vinho não combinam. Prove um chocolate com um Malbec, Malbec Premium ou Cabernet Sauvignon. É mito que os tintos provoquem sabores de frutas vermelhas; os brancos, de frutas brancas e cítricas; os amadeirados, de baunilha, café e tabaco. Porto e Pedro Ximénez vão bem com charutos cubanos puros e muito concretos; Orujo e Pacharán vão bem com os puros suaves; uísque de malte, com cigarros fortes e de personalidade; conhaque, brandy e rum, com todos eles.

97 *Temperatura de serviço*

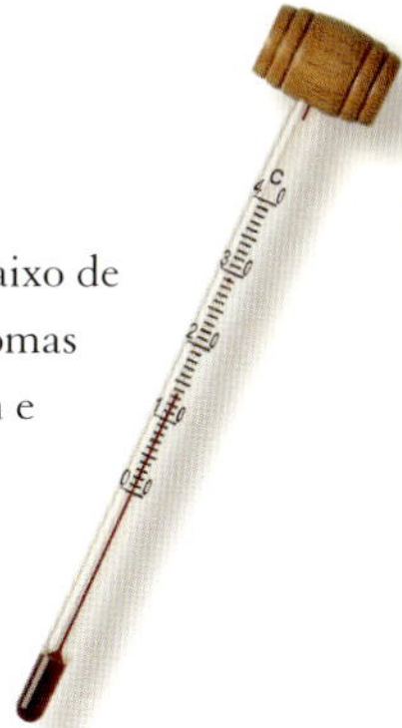

Os vinhos brancos devem ser bebidos resfriados, mas nunca abaixo de 6ºC, temperatura em que perdem a capacidade de transmitir aromas e sabores. Os espumantes devem ser servidos entre 6ºC e 8ºC. Vinhos Cava e champagne, de 7ºC a 9ºC. Leves e doces, de 6ºC a 8ºC. Brancos jovens e rosados devem ser servidos na temperatura da adega, entre 8ºC e 10ºC. Brancos envelhecidos em barris de carvalho, muito complexos, seco, de 10ºC a 12ºC. Os brancos muito ricos em sabor, entre 13ºC e 14ºC.

Os vinhos espumantes tintos leves, jovens e velhos, entre 9ºC e 10ºC. Os vinhos tintos jovens e encorpados, entre 11ºC e 13ºC. Os vinhos tintos jovens, entre 11ºC e 13ºC. Os vinhos tintos fortes, entre 13ºC e 15ºC. Os mais estruturados, entre 13ºC e 14ºC. Os grandes vinhos, entre 15ºC e 16ºC. Os muito ricos em taninos ou muito velhos, entre 16ºC e 18ºC.

Não se deve refrescar o vinho bruscamente e sim fazer com que sua temperatura desça lentamente. Não se pode esquecer que, depois de servido, a temperatura do vinho aumenta alguns graus.

98 *O vinho na cozinha*

O vinho é usado como ingrediente em muitas receitas culinárias, especialmente em molhos, doces e saladas. Não se pode usar qualquer vinho, pois é preciso levar em consideração a cor, os aromas e os sabores, e dentre esses a proporção de açúcares, o grau de acidez e de álcool, o corpo e a untuosidade. Algumas regras devem ser respeitadas:

- Os aromas desaparecem com a evaporação, com exceção do mofo.
- Os taninos desaparecem com a ebulição.
- O álcool desaparece com a ebulição.
- O ácido acético desaparece com a fervura, por isso pode-se usar vinhos picantes.
- A acidez fixa, tartárica, permanece e pode afetar os molhos.
- Os açúcares do vinho podem se caramelizar com a fervura.

- Os vinhos tintos tingem a superfície dos outros ingredientes.
- A acidez do vinho pode fazer com que o leite ou o creme de leite talhem.
- O extrato seco do vinho é o que enriquece molhos e refogados.
- É preciso saber escolher o vinho antes de acrescentá-lo à receita.
- É preciso usar o vinho adequado para cada molho.
- Não se deve desperdiçar grandes vinhos.
- Convém utilizar vinhos muito bons para fazer marinadas.
- Deve-se usar vinhos brancos para os pratos à base de peixes.
- Com as aves, não se deve usar vinhos tintos muito envelhecidos ou tânicos.
- Deve-se usar vinhos tintos para os molhos escuros nos pratos com carne de caça.
- Os vinhos preferem os cozimentos lentos.
- Os vinagres e o vinho não combinam bem.

O fogo é o inimigo dos vinhos mais delicados. Lembre-se de que cada vez que se atingir a fervura, boa parte dos vinhos terá sido destruída, por isso, ao elaborar um prato, os vinhos devem ser usados para deglaçar, ou seja, reduzir e concentrar os sabores, ou no final, para perfumar impregnando os ingredientes do prato com seus aromas.

99 *Os mitos mais comuns*

VINHOS CAROS SÃO MELHORES QUE OS BARATOS: deve-se valorizar a relação custo-benefício. Há muitos vinhos caros piores que outros cujo custo não é tão desproporcional.

OS RESERVAS SÃO MELHORES QUE OS ENVELHECIDOS EM BARRIS DE CARVALHO E ESTES SÃO MELHORES QUE OS JOVENS: é uma regra que quase nunca é verdadeira. A qualidade não depende da idade do vinho, há vinhos jovens muito bons e ótimos vinhos envelhecidos em barris.

TUDO É UMA QUESTÃO DE GOSTO, DE OPINIÃO: não é verdade. Gosto não se discute, mas a qualidade de um vinho tem a ver com padrões mensuráveis. Gostar não é o mesmo que ser bom. Há vinhos defeituosos que podem ser prazerosos para determinados paladares.

O CONTATO COM O CARVALHO SEMPRE MELHORA UM VINHO: os sabores que o carvalho empresta para o vinho começaram a entrar na moda na década de 1980. Há variedades para as quais o carvalho faz muito bem, mas para outras os sabores do carvalho desvirtuam os sabores do próprio vinho, sobretudo no caso dos brancos.

OS GRANDES VINHOS TINTOS NÃO SÃO AGRADÁVEIS QUANDO JOVENS: isso é uma verdadeira falácia. Para que um vinho, tinto ou não, envelheça bem, precisa ter sido extremamente bom quando jovem, embora possa atravessar um período intermediário, durante o envase, em que sua qualidade será muito inferior.

CADA VINHO TEM A IDADE CERTA PARA SER CONSUMIDO: só vale se considerarmos uma idade muito indefinida, já que o fato de um vinho estar pronto para consumo depende das condições de conservação, tranquilidade etc.

O VINHO NÃO DEVE SER RESFRIADO NO FREEZER: o uso do freezer não altera nada no vinho, desde que se meça o tempo para que a garrafa não congele e exploda.

UMA COLHER DE CAFÉ SUSPENSA NA BOCA DE UMA GARRAFA DE ESPUMANTE IMPEDE A SAÍDA DO GÁS: totalmente inverossímil, já que essa crença desafia todas as leis da física.

UMA MACERAÇÃO PROLONGADA INCREMENTA A COR DO VINHO: uma maceração prolongada com uvas não maduras faz com que o vinho perca cor.

É SEMPRE BOM DECANTAR OS VINHOS, PRINCIPALMENTE OS BORGONHA: decantar sempre o vinho, só porque ele é velho, é um erro grave. É preciso ter cuidados especiais com vinhos envelhecidos porque se corre o risco de estragá-los com a decantação. Não é diferente com os Borgonha e eles só devem ser decantados quando contiverem sedimentos que os tornem turvos.

OS MELHORES VINHOS SEMPRE VÊM DAS MENORES VINÍCOLAS: é um erro muito comum, especialmente na Espanha, mas não na França. As vinícolas grandes têm como selecionar as melhores equipes de enólogos e usar a melhor tecnologia, e por isso enfrentam melhor as crises e as colheitas ruins.

O VINHO É RESPONSÁVEL PELO ALCOOLISMO ENTRE OS JOVENS: o alcoolismo é sustentado por bebidas de alta graduação alcoólica: vodca, gim, rum ou uísque. E, quase sempre, de baixa qualidade.